U0681105

i

imaginist

想象另一种可能

理
想
国
imaginist

我们

为什么

不爱了

走出亲密内耗

曹雪敏　著

上海三联书店

图书在版编目（CIP）数据

我们为什么不爱了：走出亲密内耗 / 曹雪敏著 .

上海：上海三联书店 , 2025.9. -- ISBN 978-7-5426
-9002-9

Ⅰ. C913.1-49

中国国家版本馆 CIP 数据核字第 2025D7C017 号

我们为什么不爱了：走出亲密内耗

曹雪敏 著

策划编辑：孙瑞岑　张林慧
责任编辑：宋寅悦
特约编辑：孔胜楠
封面设计：汐　和 at compus studio
内文制作：陈基胜
责任校对：王凌霄
责任印制：姚　军

出版发行 / 上海三联书店
　　　　（200041）中国上海市静安区威海路755号30楼
邮　　箱 / sdxsanlian@sina.com
联系电话 / 编辑部：021-22895517
　　　　　发行部：021-22895559
印　　刷 / 山东临沂新华印刷物流集团有限责任公司
版　　次 / 2025 年 9 月第 1 版
印　　次 / 2025 年 9 月第 1 次印刷
开　　本 / 787mm × 930mm　1/32
字　　数 / 179千字
印　　张 / 10.25
书　　号 / ISBN 978-7-5426-9002-9/C·662
定　　价 / 68.00元

如发现印装质量问题，影响阅读，请与印刷厂联系：0539-2925659

爱很好，不爱也很好

心理咨询，究竟是什么样的？

近些年来，随着社会的变迁，心理学正在成为一门"显学"。越来越多的人开始了解到心理学、心理咨询，也有越来越多的人决定走进咨询室，希望通过与咨询师的一次次对话"重获新生"。

不过，可能和大家想象的不一样，咨询不只是对话，还包括看图和词语联想故事、摆沙盘、摆积木、画房树人，等等。当然，最主要的还是对话。但这个对话又不只是和此时此刻、对面的来访者进行语言上的交谈，而是和无数个时空、无数个侧面的他或她进行对话。

正因为谈话对象来自无数个时空、拥有无数个侧面，所以咨询师必须对来访者怀有白纸一般的好奇心。不然，很容易变成用标签来拼凑一个人，比如"一个女人""一个抑郁症患者""一个中年人"，等等。这样的拼凑会造成误解和偏见，而来访者之所以在生活中感到不适应甚至痛苦，很可能就是因为一直困在这些标签里。

所以，在咨询中，我和来访者要做的最重要的事情，便是一起跳出标签重新认识自己——看到自己经历了什么，这些经历如何塑造了现在的自己，自己正在按什么样的模式思考和生活。

这个过程需要极强的倾听能力和观察能力。咨询师不仅要听来访者"说了什么"，还要听他是"怎么说的"——不同的语调、不同的音量都可能传递着不同的信息。而且，很多真相不是来访者说出来的，比如悲伤藏在不笑的眼睛里、焦虑藏在啃咬的指甲上，包括之前提到的画画、沙盘和积木等，也是突破语言限制和心理防御、发现真相的方式。

咨询期间，咨询师的耳朵、眼睛、大脑需要一直飞速运转，不亚于一场科研考古，在无数条线索中找联系、找真相、找突破口。

说到这里，突然想到一件有意思的事情。我在生活中见朋友，尤其是陌生朋友，他们在知道我的专业和工作后，有的会好奇地问我知不知道他在想什么，还有的会紧张我有没有看穿他。说实话，有时候可能可以看出一些什么，但绝大部分时候，我在工作之外都是放空的，专注体验生活。

"不爱了"，曾推倒我，但也重建我

对于"不爱了"这个议题，我其实有着十分深刻的切身体会——"不爱了"，曾推倒我，但也重建我。同样也是在这个议题上，我充分地感受到了心理学和心理咨询的力量。

那时候，我快 30 岁，和当时的男友相恋多年，准备结婚，已经订好了酒店和婚纱拍摄。但就在结婚前夕，我发现对方出轨了，我分了手。而当时，我妈妈又被诊断出了肿瘤，才刚做完一场大手术。

现在想来，我可能在遭遇出轨前就已经处在高功能抑郁症的状态了，一边战士般地推进博士学业和母亲的治疗，一边内心又因为死亡的招手陷入压抑和绝望。那段时间，我会反复做这样一种噩梦：前一秒我和妈妈还在说话，后一秒妈妈直接变成了骷髅。

遭遇出轨和分手这件事直接引爆了我的抑郁，我度过了现在想来都觉得后怕的几个月。

不过，非常庆幸的是，当时还有心理学和家人朋友以及我的小猫笃嘟的相伴。我一边抑郁，一边用心理学作为指引来重建自我，让生活重回了正轨。经历了那段时间的推倒、重建后，整个人也通透、成熟不少。

　　我曾经在朋友的播客中分享过这段经历，想要给处在相同困境里的其他人一些启发。后来，前来找我求助咨询这个议题的朋友越来越多。然而，因为时间、精力有限，我很苦恼没办法一一帮助。于是，就把专业知识和实践经验写了下来，最终形成了两个作品：一个是《分手心理学》那本书，另一个是《出轨心理学》音频节目。

　　我之所以写下这两个作品，不只是因为自己淋过雨，想要给别人也撑把伞，更多的，还是想分享给每个人自己造伞、撑伞的能力。

　　人生的失意和意外总是猝不及防，但只要有重建的能力，我们就能把危机转化为人生的转机，创造更好的自己和人生。

　　我写《分手心理学》的时候，尤其希望它可以替代一部分咨询师的工作，帮助那些出于各种原因无法接受心理咨询的人们走出分手的阴霾，开启人生的新阶段。很开心的是，从读者的反馈来说，这个目标实现了不少。

　　现在，我也是怀着同样的心情和目标，为大家带来《我们为什么不爱了》这本书。

"不爱了"，正在成为一种时代情绪

　　"不爱了"，是一个越来越普遍的现象，也正在成为一种时代情绪。

从单身人口的数据来看，单身的人越来越多。根据《中国统计年鉴（2022）》，截至 2021 年，中国 15 岁以上单身人口数量约为 2.39 亿人，独居人口数量突破 9200 万，相比于 2018 年的 7700 万多了近 20%。从婚姻数据来看，结婚的越来越少，出轨或者离婚的越来越多。根据《中国婚姻报告 2023》，中国的结婚率从 2013 年的 9.9‰下降到了 2022 年的 4.8‰，几乎腰斩；而离婚率也从 2000 年的 0.96‰上升到 2020 年的 3.1‰，但 2021 年由于开始实施离婚冷静期，离婚率又回落到了 2.0‰。另外，根据"中国性学第一人"、中国人民大学社会学系教授潘绥铭的调查，2015 年时，中国已婚男性的出轨率接近 60%，已婚女性的出轨率达到 30%。

除了以上这些数据，我们在生活的日常讨论中也能发现，大家普遍"不爱了"。

"恋爱脑"以前是浪漫、是意义，现在是不清醒、不独立。婚恋以前是人生价值，现在是"不婚不育保平安"。以前的大学生活"不谈恋爱就不完整"，现在的很多大学生对恋爱不感兴趣了。观众们对影视剧里的爱情故事也感到了厌烦，以前为了爱情，"一碗白粥"甚至"挖野菜"也是幸福，现在是"女主女配独自美丽互相支持来搞事业不好吗"。各个自媒体平台也涌现了一批模仿吐槽精英男等的视频博主，对爱情和男性都在全方位祛魅。相比于真人，现在的很多年轻人更愿意爱手办、爱各种各样的小动物和二次元的纸片人，和 AI 虚拟恋人的恋爱也正在流行。

这些数据背后的"不爱了"可能是一种主动的选择，是人自由意志的体现，不再盲目踏入爱情的陷阱，不再盲从"人生就要结婚生小孩"这样的传统剧本——我觉得，这毫无疑问是一种进步。

不过，"不爱了"也可能是一种被动的反应，是人在面对童年创伤、性别偏见、权力不平等和消费主义时的防御或让步。

而这些被动反应的背后，有一些是之前一直被遮掩的人性真相，比如一些父母的确不爱孩子，比如性别偏见下的爱情有时只是男性剥削女性的幌子，等等。还有一些则是爱的能力问题，比如依恋类型，具体来说，有回避型依恋倾向的人很容易用冷暴力回应感情关系里的冲突，这在很大程度上是一种自动反应，不是因为"爱"和"意愿"就能轻易改变的。与依恋类型相似的还有人格类型，比如有自恋型人格障碍的人，他们没有意愿，也没有能力去爱别人，更糟糕的是，他们还很可能以爱为名操纵和剥削伴侣、孩子或朋友。

在现在这个时代下，消费主义也一直在抢夺我们的时间、金钱和注意力，独立意识和自控力有限的人能留给感情的耐心和专注少了，于是，相处质量下降，满足感也在下降。与此同时，手机和互联网的发展又让诱惑变得越来越容易"得到",再叠加身体健康、育儿和就业经济环境带来的"中年危机",冲突和出轨也越来越多,亲密关系的挑战急剧增加。

所以,选择"不爱了"的很多人,其实可能也不是"不想爱了",而是"爱不动了",或者"不知道该怎么爱了"。

另外,除了已经主动或被动做出选择但还陷在痛苦里的人们,我还额外关注两个群体。

一个是还在迷茫、将就,做不出决定的人。

决定从来都不好做。要做好决定,找到以后的路该怎么走,或许需要看清楚无数个过去的自己如何走到了现在,为了未来的自己,现在的自己又需要怎么做。如果你也正在迷茫,我很希望你在阅读的过程中,掌握一些做判断、做决定的方法,还能收获一些勇气,让自己要走的路能够更宽广,也更坚定一些。

另一个我格外关注的群体,是在"不爱了"的双亲或单亲家庭里成长的孩子。

我在咨询中陪伴来访者回溯过去时,经常能发现,他们的父母以及隔代的祖辈早就已经处在"不爱了"的状态里,只是迫于各种原因维持着表面上的关系。于是,孩子从小就承受了额外的压力和痛苦,比如成为父母的"替代伴侣",再比如被迫站队陷入家庭战争,等等。长大后,成年了的他们可能依然陷在父母的亲密关系议题中，自己还面临饮食、失眠、人际关系等的各种困扰。

除了咨询，这一年多，我在一本杂志的问答栏目里回复读者来信。其中，不少青少年和大学生都在来信中倾诉，他们表面上看起来合群甚至开朗，但内心却很压抑，对未来、友情、爱情等感到迷茫。原生家庭的不和，还让他们觉得自己在心灵意义上无家可归。更触目惊心的是，不少孩子认为这一切都是自己的错——父母不相爱是自己的错，自己不优秀、不被爱也是自己的错，这让我非常担忧。

我很希望，《我们为什么不爱了》这本书可以帮到这些家庭和孩子们。也许你是孩子的家长，也许你就是这样长大的孩子，希望你们在阅读的过程中，能够收获一些新的理解和方法，让自己释怀，找回爱的能力。无论是爱自己，还是爱孩子，给自己解脱，也给孩子创造爱、自由、健康和成就的心理基础。

一场从"为什么"到"怎么办"的讨论

《我们为什么不爱了》将围绕"不爱了"这一普遍现象，通过聚焦爱和亲密关系中的 12 个议题来分析"不爱了"背后的复杂原因，也试着提出"不爱了"之后或许可行的修复方法——本书也由此分为"不爱了，为什么"和"不爱了，然后呢"这两个模块。

在第一模块，我会结合故事、案例和理论，来解读"不爱了"现象背后的各种原因，包括但不限于童年创伤、性别偏见、权力关系等。

比如，第一讲会借一个详细案例（为了保护来访者的隐私，他们个人信息的细节已被改编）聊一聊原生家庭会以什么样的方式给我们造成关于爱的创伤，我们该怎么发现和理解这些隐秘的创伤，又该怎么应对这些创伤带来的影响。再比如，第二讲会借影视剧和女性主义网络小说、第三讲会借政治学理论和视角，谈一谈性别偏见和权力关系如何制造有关爱的陷阱和困境，又如何扭曲人性、影响有关爱的选择和行动。

在解读这些现象的时候，我会和大家分享一些应对的方法。但是关于修复，我将在第二模块更细致和系统地展开，希望能给大家分享为自己造伞、撑伞的能力。

在第二模块，我会以"羞耻感"这个主题来"打头阵"，因为每一个羞耻感爆发的瞬间，都是"精神上想让自己消失"和"不爱自己了"的时刻。而人得先有自我，先爱自己，才能选择要不要亲密关系、要什么样的爱人和人生。幸福可以有很多种样子，这也是最后两讲我想借价值行动和好奇心这两个议题来传达的理念和具体方法。

希望大家在阅读过程中，能对"不爱了"有更全面的理解，用好心理学，做好关于爱或不爱的选择。

无论爱或不爱，希望大家都能活得更清醒一些，也更轻松一些。在这日新月异的亲密关系的变革期，祝愿大家可以找到自己想要走的路，或者，开创属于自己的路。

这本书的核心内容改编自"看理想"App 的音频节目《不爱了：无限人生书单第 18 季》，感谢"看理想"的编辑瑞岑和林慧，在选题和具体议题上，他们给了我非常重要的贡献，在具体的内容框架和遣词造句上，他们也给了我很多协助。节目上线后，听众的反馈和分享让我触动、感动又惊喜，那些反馈给我的启发也形成了这本书在相同议题上的新增内容，包括原有议题中的新增案例和新增观点，以及新增的两个议题"冲突"和"好奇心"。是各位真诚的分享与温暖的鼓励给了我把节目做成书的勇气，谢谢你们！

再往前追溯这本书的诞生，它的每一处思考都扎根于真实的生命交汇——那些与我的来访者们的专业互动、与家人朋友生活的日常、与我的小猫笃嘟相伴的十多年。尤其要郑重感谢我的来访者们：你们以惊人的勇气和信任邀请我走进你们的人生和心灵世界，让我见证了任何理论永远无法复刻的心灵史诗——那些挣扎、顿悟与改变的瞬间，背后的复杂性与独特性远比任何学术理论更辽阔，也更动人。

最后，谨以此书致敬我热爱的科学，尤其是心理科学，还有那些杰出的心理学家们和我的恩师们，教会我用科学的严谨和人文的关怀体察人性，让我爱上这方天地，也让我以不同的视角一次又一次爱上这个真实的世界、爱上不断完整的自己、爱上我的家人和此时此刻就趴在电脑边的小猫笃嘟。

目　录

第二部　不爱了，然后呢

第一部

不爱了，

为什么

原生家庭

不懂爱的人，都有难以启齿的心理创伤？

为什么"不爱了"这本书要从原生家庭开始？我有两个考虑。

第一个考虑是，爱的主体是人。除了咨询经验，心理学的实证研究也不断发现，一个人的童年经历会影响他成年后的自尊、风险感知、择偶策略、养育后代的风格等。只有认识原生家庭和童年以一种什么样的方式塑造了现在的我们，我们才谈得上了解自己、了解别人。了解是爱和不爱了的基础，也是解决问题的钥匙。

第二个考虑是，很多人其实道理也懂，但还是陷在怪圈里。比如离不开一个错的人，再比如明明自己很好，但在感情里就是很自卑，为什么呢？

因为爱是一种感觉，自尊本质上也是一种感觉，这些感觉有时候甚至和眼前的人和事无关，只和你的潜意识和神经反应有关。感觉的背后是我们有关爱和自我的自动程序，程序的触发点和运行脚本，很大一部分很早以前就在原生家庭里写好了。寻求改变，就要试着看见你的自动程序，然后改写它们。

被原生家庭植入的"爱的自动程序"

bug 的背后是创伤

关于爱和自我的自动程序 bug，背后很多时候都是创伤。

我们先来简单聊聊什么是创伤。很多人对创伤有误解，以为经历类似战争、虐待等极端情形才会有创伤。其实不是。定义创伤的并不是客观上可怕程度的大小，而是主观上我们经历的与我们期望的之间的反差。换句话说，所谓创伤，就是那些我们经历过的但还没有释怀的失望与绝望，不在于事件本身在客观上有多严重，而是它卡在了我们的心里。比如，一句永远求而不得的认可，怎么努力都改变不了的情形，等等。

大部分人都有或大或小的创伤带来的影响。举个常见的例子，一个人很难拒绝别人，背后的心理很可能是怕拒绝了就会失去这段关系；或者是把别人想得太脆弱，对拒绝感到愧疚；也可能是把对方想得太强大，怕拒绝引起冲突，不敢面对冲突。无论是哪种心理，背后都可能是一段关于关系互动的创伤。

想了解自己有没有创伤，可以观察下自己在哪些人、哪些事情上有以下两个想法：

- 美好的事情不会发生在我身上。
- 只要我不希望，我就永远不会失望。

换个说法就是，创伤会让人丧失对未来的想象力和创造力。一个有创伤的人，往往会在潜意识里认定"无论我怎么努力，结局都会一样糟糕"，于是大脑自动关闭了对其他可能性的想象和探索，只留下虽然绝望却也最熟悉的那条路。换句话说，创伤让人用"过去"的剧本预演"未来"的故事，更糟糕的是，这种消极预期很可能会自我实现——因为创伤而逃避尝试，结果未来真的再一次重现了创伤。

假如没有创伤，故事想象是开放的，自己也是有力量的，能影响故事发展，也能承受故事结局。

除了观察想法和行为，还能观察身体的变化。比如，当你回忆一段过去的经历或者进入某个情境时，身体上有没有出现过这些反应：

- 胸口发紧，像压了块石头

- 肩膀僵硬，无意识地攥紧拳头
- 胃部绞痛，甚至恶心想吐
- 呼吸变浅，仿佛被人掐住了喉咙

这是身体和神经系统在替你表达那些未曾说出口的情绪。心理学研究发现，创伤经历会改变人的神经系统，让身体长期处于"战或逃"的警戒状态。哪怕理智上已经淡忘，肌肉、内脏甚至皮肤仍然会忠实地记录下那些不安。

原生家庭里，母父（或者其他重要养育者）对孩子们的"不爱"，比如忽视、贬低、控制、利用、虐待等，都很可能在还幼小又懵懂的孩子心里留下创伤。创伤造成的最触目惊心的伤害不仅在于那时那刻的折磨，更在于创伤会导致一种扭曲的自我概念和解释世界的方式。

有一天，当孩子即使已经长大，已经是个外在看起来正在独立生活、工作的成年人，他的内心却很可能一直以那扭曲的自我概念和解释方式来理解自己和世界，以伤害性的模式和他人、和这个世界发生互动。

创伤的影响一直在持续

我们来看一个具体的案例。

　　小全来到咨询室的时候，我第一眼注意到的是她的身形，明显不健康的肥胖，甚至走路都有点拖着，我边想这是激素类药物的副作用还是生活习惯导致的，边看向她的眼睛——她并没有看向我，她打量着咨询室，然后坐在离我较远的沙发那一端，拿起沙发上的抱枕抱在胸前。然后，我看到她深吸一口气，终于抬起头看向我，她说："你应该不会喜欢我，也不会相信我。"

　　说实话，决定写这个故事前，我也对读者有这样的担心，征求小全的意见时，也和她聊了很多她可能会看到的各种评论以及她可能会产生的想法和情绪。

　　现在我们回到咨询室。接下来，小全开始平静地向我讲述她经历了什么。

　　她之前在银行工作，工作是爸爸托关系进去的，她说："但是我搞砸了，我和领导在一起了，他有老婆。"说到这儿，她抬起头看向我，沉默着等我的回应。我问她："在你们这段关系中，你的想法和感受是什么？除了这段关系，之前你有过其他亲密关系吗？"

　　事后小全告诉我，这个沉默是她对我有意为之的考验，如果她发现我有丝毫的鄙视或评判，她就会走——经历过创伤的人经常会呈现两种极端：或者把一切视为危险，习惯性地封闭自己，想要靠近什么时就会对"危险"进行重重考验；或者直接不管不顾敞开去冒险，仿佛自己不会受伤，也仿佛完全不在意自己。

我们说回小全。她没有回答我的问题，她向我讲述了更糟糕的过去。

　　小全的父亲是当地一家企业的大领导，母亲是家庭主妇。从小，逢年过节或者平日的双休日，来他们家拜访送礼的络绎不绝，无论是亲戚还是其他人，那些阿姨叔叔都经常笑着跟小全说："小全，你爸爸真好，你和你妈妈真有福气。"

　　但小全自己不这么觉得，她觉得爸爸很奇怪，让她很不舒服。从她记事起，爸爸就经常在她洗澡的时候走进浴室，动手帮她洗澡，即使她拒绝。她和妈妈说过不要，妈妈只说爸爸是爱她。

　　后来，她上了初中，激烈地表示了拒绝，爸爸停止了这种行为，却出现了更噩梦的情景——爸爸开始时不时对小全挑刺：当小全"犯错"，哪怕只是不小心打碎一个碗，他会逼着小全脱光衣服进行体罚，这个过程还充满了辱骂。直到现在，想起爸爸打量的眼神和打在身上各个部位的巴掌，她还是会觉得愤怒又恶心。

很长一段时间，我们在做自由联想的时候，她对自我、身体等词汇都是"恶心""冷"等，加上一开始提到的"第三者"的这段经历，恶心和羞耻成了她对自我最强烈的感受。

更让小全绝望的是，在爸爸每一次羞辱她的整个过程中，妈妈都在场，却无视了小全的痛苦和求助。对于亲密关系，她最直接的想法便是"没有人爱我""全世界都抛弃了我"。

小全说，在初中以前，妈妈把小全的衣食起居都照顾得很好，会记得她爱吃什么、喜欢玩什么，尤其是爸爸出差时，两个人也有不少去游乐园、一起吃好吃的的开心记忆。但是初中以后，她的"好妈妈"不见了。妈妈开始越来越多地管控小全，翻小全的房间，盘问小全接触的每个人。

小全和妈妈大吼大叫哭诉对爸爸的不满时，妈妈甚至比她哭得更惨烈。然后，有好几天，妈妈对她视而不见，一句话都不说。爸爸在家时，她就吃外卖；爸爸不在家时，她就吃零食。直到她主动对妈妈示好，妈妈才会暂时变回"好妈妈"。小全曾经一度对妈妈怀有深深的愧疚，觉得都是自己不好，都是自己害惨了妈妈、是妈妈的负担。

　　小全遭遇的是严重的家庭霸凌。童年时，我们能不能活着、活得怎么样，全靠原生家庭。假如被原生家庭霸凌，打不过也逃不掉。原生家庭不仅是生存基地，也是我们认识自己和这个世界的第一所学校。原生家庭霸凌糟糕的地方也在于，不仅生存基地变成了折磨身心的监狱，学校本身还出错了，扭曲了我们对自己和对这个世界的认知。

　　我们暂时把目光放到相对更常见的普通人身上。比如，我有一些来访者，原生家庭从小就告诉他们"人际关系就是互相利用""有利用价值才会被人喜欢"——别人对他们好，母父就说"还不是因为那些人有求于你妈你爸"；别人伤害他们，母父就说"谁让你不行呢，你动真感情是你自己傻"。后来，他们长大以后就总在证明自己，也总在比较，在亲密关系上既焦虑自己有没有挑到最好的，也焦虑对方会不会遇到更好的，被伤害时更多的情绪反应也不是警惕或愤怒，而是羞耻与自责。

　　除了心理影响，成年以前也是大脑各个脑区神经发育的高峰期，环境安全稳定，语言能力、恐惧管理能力、自控力、记忆力等相关的脑区才能健康生长，才能有效处理信息。环境恶劣，大脑会一直处于警报状态，只关注危险的线索，甚至把友好的也当作危险的。

　　我们说回小全，小全一度也是这样。

她靠着想远离原生家庭的动力拼了命地学习，无数个晚上，她都是一边哭一边做题，后来终于如愿考上了外地的大学。

上大学时，她总是沉默寡言。同班有个男同学可能注意到了她的沉默和阴郁，于是经常主动陪伴她，邀请她参加一些学校活动。一开始，小全和他总是保持距离，也不怎么说话，后来两个人渐渐开始聊天。小全觉得自己有点喜欢上了这个男同学，但当她终于鼓起勇气告白时，对方却显露出了迟疑，她直接跑出了图书馆。

当时他们都已大四了，课程已经修完，小全为了再也不见这个男同学，很长一段时间都不再去学校，一直拖到最后才走完了毕业流程。关于那段日子的记忆，小全已经很模糊了，她只记得自己还错过了法考的主观题考试（法考分两轮，第一轮是客观题，第二轮是主观题）。

当我们一起回顾这段经历时，小全意识到自己在那段时间被羞耻感击垮了。那个迟疑的表情仿佛是审判的扳机，她甚至想起了父亲的眼神。她当时立刻的、毫无等待和沟通的"逃跑"背后是"杏仁核劫持"，也就是杏仁核向大脑发送危险信号，下令"要么战斗，要么逃跑"——小全会逃，是因为过往的经历和无助让大脑觉得这是一场彻头彻尾的、毫无生还可能的羞辱，如果不逃，还将迎来更大的打击。在生活中，一些人面对批评、吵架和挫折，情绪失控的背后可能也是这样的"杏仁核劫持"。

毕业后，小全虽然不情愿，还是在爸爸的"帮助"下进了当地的一所银行工作。领导一直对她嘘寒问暖，她虽然知道领导别有所图，但还是"沦陷了"——这是她生命中为数不多又"失而复得"的陪伴和关心，即使这背后不是"爱"也不是"善意"，她依然想紧紧抓住它们。后来，在她和领导的共同推动下，他们发展成了婚外情。小全其实一直很愧疚也很忐忑，只是她跟自己说："我不会破坏他们的婚姻，我只是占用了他的工作时间。"

当我们一起回顾这段关系时，小全逐渐想起这段关系的全貌，她发现自己在这段关系里其实越来越不快乐，当领导觉得自己已然"拿捏"了小全时，工作上的压榨越来越多，相处时也开始在言语上打压小全。而小全一直觉得这是自己"偷来"的关系，于是一再退让，还费尽心思对领导和领导妻子好，经常送礼物，只求关系能持续。直到有一天，领导的妻子在她下班后直接找上门，这一切戛然而止。

我问她，那时候那些言语上的攻击会让她难过和不舒服吗？她说："会吧。但和小时候的不舒服相比，这不算什么。我当时没意识到自己不舒服，我只是害怕他会不要我。"

这也展现了为什么原生家庭和创伤总是会带来关于"爱"的问题。

原生家庭在我们还是一张白纸的时候，直接写上了各种答案，这些答案有关我们的自尊和爱，有关我们对他人、对这个世界的认识和安全感，有关爱和被爱的关系应该是什么样子的。创伤会让人远离自我、恐惧他人却又贸然地投入一段危险关系中，但爱却要尊重自己，然后在自尊的指引下敞开自己去相信和冒险。

小全没有得到过也没有体验过带着尊重的爱与以"爱和发展"为目标的关系，于是她也不懂怎么辨别好的爱和坏的"爱"，不懂怎么尊重自己、爱自己，也缺少尊重别人和发展关系的能力。

　　　　小全再次在羞愧中逃跑了，她离开了银行。
　　　　母父尤其是父亲对她劈头盖脸地指责甚至谩骂。在冲突中，小全再次提及了小时候经历的父亲对她的性骚扰和羞辱，父亲恼羞成怒甚至动手打了她。这一次，她没有忍让，也没有逃，她说她根本不想活了，什么都不在乎了，于是她打了回去。打架过程中，父亲撞伤去了医院，亲戚们上门时又继续指责小全。

小全彻底不管不顾了。她在和亲戚们大吼大叫的过程中把父亲对她干的事都抖落了出来，但迎来的只是诧异和沉默，没有人表示相信她，也没有人关心她，后来，还有人说她"疯了"。母亲也没有站出来告诉他们"这些都是真的，小全并没有撒谎"，母亲再次做了沉默的帮凶。

小全曾经站上过楼顶的天台。决定跳下去之前，她打开了曾经和大学时那个男孩的QQ聊天记录，想最后记住这唯一的美好。她再次看到男孩曾经给她发送的消息："我感觉你一直背着沉重的负担，我是真的希望你能换一种活法。"曾经的小全觉得那都是"拒绝和羞辱"，天台上的小全突然看到了曾经忽略的"善意和祝福"。

小全跟自己说，过去的我死了，我要重新活。她带着绝望和愤怒彻底换了个城市生活。到了新的城市，她回到了自己的专业本行，但由于一直拖延着没有通过法考、拿到律师资格证，她一度只能在律所打杂，前途也很渺茫。

在孤独和各种情绪的影响下，她开始暴饮暴食，导致体检指标亮起了很多红灯。但幸运的是，这一次，她遇到了一位好领导，是一位比她年长很多的女性。工作闲暇时间，她们借由案子聊过一些彼此的人生，领导觉得她很有思考力，也有当好一名律师的能力，鼓励她务必努力考出律师资格证，还建议她尝试一下心理咨询。

　　小全在犹豫很久以后，终于踏入了咨询室。同一过程中，她也努力考出了律师资格证，渐渐瘦了下来。她彻底重启了自己的人生。

　　除了小全的例子，我在微博上关注了一群自称"厕妹"的群体。用户把微博上一部分匿名隔空喊话的 bot 称为"厕所"，因为这是"可以随便发泄的地方"。由于用户大多数是女性，她们便称自己为"厕妹"。

　　"厕妹"的特点是年纪小且家庭极其贫困。在她们的投稿中，爸爸和其他亲人的侵犯并不少见。这些女孩们有不少自残、抑郁、焦虑、强迫症和双向情感障碍的情况。

　　性侵造成的伤害不仅是"性"带来的身体伤害和性耻文化造成的自我厌恶，也在于"侵犯"。个人边界被侵犯，会破坏一个人的"公正世界假设"——不再认为世界是可预测、可信任的，对世界没有安全感，就容易丧失好奇心和探索的勇气。在中国，我观察到，原生家庭造成的创伤，背后最常见的五大危险因素是：家庭贫困，母父有成瘾行为（比如酗酒、赌博等），母父有人格障碍，有一方或者双方长期生病，重男轻女。其中，贫穷会放大所有危险因素带来的影响。

　　"厕妹"这个群体很多时候会集齐五个因素，加上常常是边远地区，支持系统也很匮乏。于是，创伤更常见，程度更严重。

这类问题本质上还是需要在宏观层面做努力，比如消除贫困、建立更完善的社会保障等。但在微观层面，心理学也在努力，想要帮助个体不仅能从这种恶劣环境中幸存下来，还能取得不错的成就和幸福。

心理学中有一个研究主题叫"心理资本"，它是在美国经济大萧条时期兴起的研究。心理资本主要包括自信心、希望、乐观和韧性。其中，韧性可以等同于心理弹性。心理资本与心理弹性都可以让人在面对糟糕的不确定性时有适应力和创造力。当原生家庭出错了，如果孩子有机会接触其他人、其他信息，那就还有机会积累心理资本。最绝望的原生家庭是把孩子完全和外界隔离，这就已经是恐怖主义的做法了。

小全的例子和厕妹的例子看起来可能有些极端，但除了"犯罪"的成分，她们所经历的忽视、控制、利用、嘲笑、暴力、欺骗、抛弃、亲子关系倒错等这些元素，很多人在原生家庭中或多或少都经历过一些，也都是容易造成创伤的经历。

很多时候，即使离开造成创伤的人和环境，疗愈依然艰难和漫长。我们可能要经历很多次破碎后重建的痛苦，才能渐渐发现原生家庭和童年在关于爱和自我的自动程序上写下了哪些 bug、这些 bug 的触发点是什么。

改写"爱的自动程序",可能吗?

说到疗愈,很多心理学的书会花很多的篇幅提出问题,告诉我们问题是什么、是谁的错、错在哪儿。可是,对于怎么改变,它们却常常一笔带过。

因为改变很难,问题常常是一整个系统造成的(即使看起来是原生家庭造成的创伤,背后往往还有更大的社会环境和更久远的历史与文化),因此改变经常无从下手,哪怕看起来简单的改变也会反反复复。比如,前几天终于下定决心吵架时再也不摔东西、不乱说话,但有一天工作遇到了不顺心的事,回到家一吵架,还是变回了原来的样子。

对于创伤,疗愈和改变起来就更难了。在之后的内容中,我会不断深入拆解有关"疗愈"的方法。这一讲,我先简单和大家分享一些让疗愈开始的方法。

在咨询中,我会不断观察对方有没有疗愈的基础,或者说,有没有做好改变的准备。其中,有两点很重要。

不再扮演受害者角色

不再扮演受害者的角色,就是愿意自我负责。这很难,也很勇敢。

相比于改变,很多人其实更愿意扮演受害者的角色。受害者的角色虽然痛苦,却是一种特殊的舒适区,因为可以一直怪别人。但改变需要对自己负责，比如不自暴自弃，再比如经济独立，这些都比怪别人要难多了。

举个简单的例子。一个人发现伴侣不爱他了，对他不好了。扮演受害者角色，是不断地谴责对方、期盼对方改变。而自我负责，是意识到自己才是自身幸福的第一责任人——对方对你不好，你可以努力改变对方，也可以离开，但具体是走还是留，要自己思考并做出决策。换句话说，焦点不再是对方做了什么，我有多惨；而是我要什么，我怎么才能得到我要的，我的策略和取舍是什么。

再比如小全，她来咨询是因为她不想那样活着了，她觉得既然她欣赏的榜样（她后来遇到的女性领导）觉得她可以，她或许真的可以，她想试一试。

要注意的是，自我负责并不是把一切结果都归于自己，更不是"只靠自己"来孤立地寻求改变，而是分离课题后，专注于自己的课题和目标，具体的，我在之后几讲会进一步展开。

跳出片段化视角

比如，在小全的案例里，从某个片段来看：

● 她在饮食和体重管理上严重不自律。

- 她对母父冷漠，还有肢体暴力。

- 她在知情的情况下，成了别人婚恋关系外的第三者。

- 她在事业上一直畏难，逃避理性上知道应该去完成的挑战。

- 她在亲密关系里对伴侣冷暴力（之后会简单展开这部分故事）。

你看，只看这些片段，她是不是可以被粗暴地贴上懦弱、不孝、疯子、失败和道德低下等这样的标签？但如果知道了她完整的人生经历，也许你会和我一样认为，在某种意义上，她是自己人生的英雄。

咨询的过程其实也在重构人生经历，让人看到完整的自己。大部分来访者，尤其是抑郁的来访者，很多时候都陷在自责和反刍里，这大多是因为他们片段化地看待了自己。假如能完整地认识自己，没有人会不为自己自豪。

很多收获成功改变的来访者都经历了这个过程，他们痛苦，他们自责，然后他们自豪，最后他们改变。

如何才能改写"爱的自动程序"？

有了上面两个基础后，才有可能改变。改变是重点，也是难点。在咨询中，到了总结环节，我常常会把重点、难点按一、二、三、四提出来，这样方便记忆，也利于实践的时候排查。

更关键的是，当我们知道这是难点时，既能在自己正在努力的时候肯定自己、做到的时候为自己喝彩"我真的很棒、很了不起！"，还能在一时做不到的时候接纳自己"本来就是难点，一时做不到也很正常，我还在继续努力我就很棒！"。同时，这也像黑暗里的火光一样提醒我们希望依然在，依然要向着那个方向前进。

关于改变、重新获取爱的能力，我总结了四个关键点，这些关键点的背后既有心理学理论的支持，也有实践上的验证——我所有最终获得积极改变的来访者，包括我自己那些成功的改变，也都包含这四个关键点。

找到你的自由

改变的第一个关键点是找到你的自由，也就是，分辨你改变不了的和你可以改变的，接纳改变不了的，改变你可以改变的。

比如，被父亲伤害、被母亲背叛、被其他人误解的小全，她选不了，也改变不了母父的行为和长辈们的看法，但她可以修正爱和自我的自动程序，改变自己对他们、对自己的回应方式，离开糟糕的关系和环境，先自我疗愈，然后再参考知识和自己的感受观察自己想要什么——要不要亲密关系？如果依然想要，怎么做才能选择一个让她感到安全，会用行动相信她、支持她，也会和她一起创造美好的爱人？

也就是说，改变的过程需要我们直面创伤，回到那个已经在脑海里被定格的片段，在恐惧和绝望中睁开眼抱抱自己，意识到此时此刻环境变了，不再是童年时离不开的那个监狱。现在的自己有力量、有资源了，可以推开门走出去，做出新的选择。

找到你的模仿对象

改变的第二个关键点是模仿。关于原生家庭，有一个比较流行的观点是"原生家庭如果不好，那你要做自己"。这的确是对的，但如果没有新的榜样让人学习模仿，做自己时很可能会出错。

一来，视角单一，爱自己的方式容易有局限，比如总是用物质来爱自己、总是受伤了才想到爱自己。二来，做自己是高难度的事情，要给自己无条件的爱接纳自己，还要给自己教育引导，改变自己，这分寸不好掌握。

亲密关系的相处就更复杂了，没经历过运转良好的原生家庭，就不知道好的相处方式是怎样的，也没有机会去练习。

比如，小全在原生家庭中学到的，是"接触和暴露会带来羞辱""照顾妈妈才能获得妈妈的爱"。于是，她既对健康的靠近和接触怀有本能的抵触，也习惯了当一个讨好者来赢得爱。

成年后，她一度找了一个和爸爸一样不尊重女性，也不尊重个人界限的男人，那个男人在某种程度上显得"很可怜"，向她诉苦婚姻中的不如意和成长经历中的苦难，像个"自顾不暇、所以也没法对其他人负责的受害者"。小全和那个男领导的"爱情"故事像极了小全和母父有关"爱"的故事，充满伤害和羞辱，又充满讨好和回心转意，小全在期盼这个熟悉的故事能有一个圆满的结局——她把对方视为救命稻草，也心甘情愿做对方的拯救者。

经过咨询，她意识到了自己关于爱和自我的自动程序出错了。好几年以后，她重新找了个对的人。冲突时，她也终于不再惊惧、不再逃开，但她还是遇到困难控制不住愤怒，她会大吼大叫甚至摔东西，有时候她还会冷暴力，直到伴侣向她示好——她成了自己深深恨过、失望过的样子。

当她回顾这些难以自控的时刻时，她发现她说的、她做的和她内心的想法并不一致，但她不知道该怎么说出自己的生气、难过和期盼。

为了学习好的理念和方法，她开始到处搜索具体的沟通案例，既有社交媒体上博主们的个人分享，也有亲密关系主题下书中的对话，还有各种影视剧，她像第一次上学一般，也像人类学家研究猴群一样看这些案例，甚至会摘抄、背诵一些词汇和句子。她很努力地模仿那些好好相处的他们怎么表达不满、怎么表达感谢和道歉，在这些模仿中练习亲密关系的相处方法。

接纳改变的反复

改变的第三个关键点是，接纳自己在成长过程中的反复，做好迎接挑战甚至痛苦的准备。

还是以小全为例子。当她开始学习和模仿后，她一度信心满满，甚至觉得自己可以像那些博主一样教人如何进行爱的沟通了。但她忽视了一点，平静状态下一个人的练习和情绪上头时两个人的实战是两回事，前者的目标更清晰、过程更可控，但后者是目标开放的互动，冲突时我们很容易陷入"你伤害我，我也要伤害你"的目标和循环，忘记了解彼此然后寻找共赢的互动模式，同时，对方的回应也可能"火上浇油"。

我们开始在咨询中更频繁地涉及有关不满的沟通来"实战模拟"。

随着小全的成长，她对咨询本身渐渐有了越来越多的个人主张，也对自身"不舒服"的感觉越来越敏锐。但她一度还是会本能地选择压抑，只是在身体语言上有表现——比如，减少目光接触、对话变得心不在焉或者答非所问——这是一种自我保护本能下的轻度解离。

这时候，我们会暂停原先的对话主题，我会询问她："我注意到你似乎有一些没有表达出来的感受和想法，如果你愿意的话，我们现在先来聊聊这些好吗？"

后来，在咨询中，她有时能在情绪刚涌现时就自己主动说："我觉得你对我在这件事上的好奇心不够，你没有询问我更多的细节。"有时也会气得大吼大叫地说："你根本就不理解我！"但不一样的是，她不会再因为这样的"失控"强烈自责——她接纳了自己的大吼大叫，这曾保护过她，也是她脱离原生家庭的契机。同时，她开始尝试主动调节情绪，靠自己让自己平静下来继续对话。

渐渐地，当她亲身体验到"有关不满和自己诉求的表达"不一定会带来激烈的冲突，也不一定会让对方崩溃，甚至还能让两个人合作得更好、让她更好地达成自己的目标时，她有了更多的安全感和信心。这时候，有关冲突的身体反应、心理图式和实践技能都有了全方位的调整，改变也得以更持久地发生。

除了小全这样的在改变中的挑战和反复，再比如，当一个人不再习惯性地讨好别人，他可能会失去好几位朋友，还有一些朋友指责他变了。这种打破人际关系稳态的改变尤其容易带来阵痛。

总之，改变绝不是一个快乐的过程，而是一个升级打怪的过程。当你开始改变，试着写下你的过程指标和结果指标。比如想要更自信，过程指标是每天睡前肯定自己、每周和欣赏自己的朋友聊聊天，结果指标是会表达自己的想法了、对自己感到自豪了。前者是你要坚持的行动，后者是改变走向成功的具体表现。一定要同时关注这两个指标，也要同时为它们喝彩。

拥抱开放的结局

现在，我们聊聊最后一个关键点。这一点也是我觉得可能会让寻求改变的你更有现实力量的一点，那就是，改变不一定会让你收获大团圆的结局。

很多时候，影视剧和文学作品里的大团圆结局会让我们以为，只要自己足够努力，就能收获这个大团圆结局。但现实往往是更多的冲突和失望（尤其是涉及原生家庭的改变，涉及太深、太多的代际传递，也在对抗原生家庭所在的环境和文化），因为他人的改变需要意愿，也需要能力。

我不是想劝所有人都放弃对大团圆结局的努力，而是想说，当你的改变和他人有关，你要对结局保持开放的态度——不原谅也可以，不和解也可以。

但单纯这么喊口号，心理上可能还是放不下，所以我们要多看看那些现实中不完美的故事。

比如我们这一讲提到的小全，她和父亲彻底决裂了。后来她还从母亲那儿得知，在她看不到的时候，父亲对母亲其实存在家暴行为，只是位置很隐蔽，母亲也努力掩盖，所以没被小全发现。母亲的痛哭和曾对小全做出的冷暴力，并不只是因为小全，也因为母亲自己好几次也曾在自杀的边缘。在小全看来是讨好、赢得了母亲的爱，但在母亲的经历中，是小全的讨好把母亲从自杀悬崖边缘一次又一次拖了回来。

后来在咨询中，小全还突然意识到，母亲虽然没有在她被伤害的时刻站出来保护她，但母亲在家时其实一直在关注她，只要母亲在家，就没有让小全和父亲单独相处过，这也是为什么当父亲伤害小全时，母亲会第一时间出现——母亲可能的确在以自己的方式"尽力"保护她，避免小全受到更严重的伤害，但母亲也有自己的怯懦、逃避和失责。

看到这一切后，小全并没有因此原谅母亲，她只是偶尔会把母亲约出来见见面、聊聊天。

除了小全的案例，再比如，加拿大女性心理咨询师凯瑟琳·吉尔迪纳（Catherine Gildiner）在《早安，怪物》（*Good Morning, Monster*）一书中记录的案例：来访者丹尼在妻女车祸离开后，才学会了如何表达爱，而他的父亲后来整日酗酒，他们没有和解，他也没有见父亲最后一面；被妈妈称作"怪物"的来访者玛德琳，得过四种癌症，永远失去了生育能力，即使妈妈在晚年变得友善了，她也选择不相见，拒接妈妈的电话；另外三位来访者也是，没有一个人和解，也没有一个人收获完美的人生——但他们的确靠自己过上了内心更安宁、更有意义、足够好的人生。

这样充满现实意义和心理力量的人生经历看得越多，我们就越能在不完满的结局里想象幸福的可能性。找回了想象力，一个人就会有新的思路和行动力。

有时候，一段关系中如果的确没有爱，也的确没有爱的意愿和爱的能力，那"不爱了"反而是"爱自己"的选择，"爱自己"才是每个人无论如何都要追求的过程和结局。

作为咨询师、研究者、创伤者的三重感想

这几年，越来越多的人意识到，原生家庭对心理和人格塑造的重要性，包括这一讲的内容，也是在讲一个人不爱自己，也爱不了别人的背后，经常有原生家庭造成的创伤。

在原生家庭这个议题上，我常常会有三个角色的感想。

作为咨询师，我很希望每个人都意识到：塑造你的不是经历，是你对经历的理解——你改变不了过去，但你可以靠新的理解让自己成长，让自己过好现在和

未来。

作为心理学研究者，我一直在思考，人能在多大程度上对自己的行为负责？比如，在对未成年人犯罪的处理上，会考虑到大脑中与行为控制有关的前额叶等脑区还不成熟，对精神病患者也会有相关考虑。那么，对更多的普通人呢？自我负责的底线和极限是什么呢？判断依据和标准又是什么呢？在"不爱了"的议题上，一个人有没有尽力，还能不能改变、要不要放手，这背后往往要看上面两个问题的答案，但答案在科学上其实并不明确。

于是，作为一个人，一个原生家庭算不上幸福的成年人，我一直在练习接纳自己和人生的不完美；另一方面，在重要的事情上，我选择像一名战士一样探索自我负责的极限，最大程度做好自己人生当下的主人、未来的创造者。

祝愿你我都既能温柔平静地躺平，也能披荆斩棘地冲锋陷阵。这也是在之后几讲的内容中，我想和你一起尝试的事。

02

性别偏见

爱情与婚姻，只是父权制的谎言？

关于爱情，在咨询中，我越来越多地被问到这样一个问题：我是女性主义者，我用女性主义的标准看男性没有一个是好的，但是我又想要婚恋，该怎么办呢？类似的问题还可能发生在婚恋之后："结婚该不该向男性要彩礼？""孩子究竟该跟谁姓？"等等。

女性主义 + 异性恋 = ？

在充满"性别偏见"的文化下，女性主义的婚恋要美满，对人的能力要求比考"985"大学要难多了。如果再叠加育儿，难度系数还会指数级增加。我的女性来访者经常会问我：这么努力去维持一段关系值得吗？未来会好吗？

说实话，我也不知道。

有时候我会想，假如没有性别偏见，女性可以把这些时间、精力、能力用在快乐的事上，或者用在成就上。爱好、事业等的付出总有回报，是时间的朋友。但在现在的社会环境下，婚恋这件事，都叫不了"风险投资"，只能叫"风险投入"，时间还是敌人——越往未来看，越是危机重重。最后想想，那就干脆不爱了吧。

性别偏见，指的是基于性别的刻板印象和不公平对待，它不仅是个人的观点或态度，更是根植于文化、传统、社会结构与制度之中的系统性问题。在充满性别偏见文化的社会和环境中，女性的生存处境和亲密关系的体验都的确更糟糕、更艰难。

因为很多时候，男性几乎不可能真正地爱上一名女性。在性别偏见的文化下，处于上位者的男性很可能并不尊重处于下位者的女性，更不会了解她的思想和情感。那些"爱"的体验和行为，也许只是一种情绪、一种冲动、一种策略。

反过来也是一样的。在性别偏见的阴影下，很多时候，女性对男性也并不是爱情。女性爱上的很可能只是男性的外在、霸道、财富和地位等，而这一切只是因为男性处在优势地位，也只是因为相处距离和"关于爱的谎言"让女性对男性有着幻想和滤镜。

当女性发现真实的男性，看到他们的伪装、自私、卑劣和怯懦，便不可能继续"爱"这样糟糕的他们，更不可能再对爱情抱有幻想——这一切，正是我们这个时代的女性正在经历的觉醒。

这一讲，我会从心理学的角度和你分享性别偏见的社会文化给女性和男性带来了什么样的心理影响？尤其是，这样的文化是如何扭曲双方底层的人格和思维模式的，又是如何造成了两性在爱与亲密关系领域的困境？

最后，我将结合爱女文学，聊一聊在性别偏见的社会文化中，作为女性或女性主义的我们，可以如何借助故事来重新理解女性、理解世界，尝试自救、尝试突围。

对女性而言，"爱情"为何是个谎言？

女性的集体创伤

性别偏见一直在造成女性的集体创伤，早在生命之初，这样的创伤就已经开始了。

这里我们暂且不谈那些杀死女婴、把女孩当童工、剥夺女孩教育权利、性骚扰等这些犯罪行为，在性别偏见的文化下，大部分女性在童年就没有爱和尊重的体验，原生家庭哪怕有爱，也是带着玻璃碴子的爱。

比如，爸爸担心地说"你读这么多书很难嫁啊"，奶奶心疼地念叨"你不漂亮以后怎么办啊"。再比如，过年的时候，男孩们坐着看电视、吃零食，你却被叫过去收拾碗筷，等等。

很多女性就这样在不设防、也没有能力反抗的时候，被剥削了原本可用于实现自我发展的时间、精力，对自我和未来的认知就这样被限制在了婚姻、外貌、家务等狭隘的角落里。

尤其是中国老一辈的女性，在她们自己还只是个孩子的时候，经常就要照顾妹妹弟弟甚至更多的家人。于是，她们对自我的身份定义就是姐姐、是照顾者，唯独不是她自己。

这会影响她们自我意识的萌芽，因为她们的注意力总是指向外界——妹妹弟弟的需求、妈妈爸爸的要求，而不是指向她们自己。人只有不断向内关注自己的情绪、想法和需求，才能发现自己想要什么、在意什么。这两个问题的答案会渐渐形成自身的价值观，而价值观是自我意识的重要组成部分，指引我们的人生选择。

另外，忙于照顾妹妹弟弟也意味着她们每天的生活不可预测，时间、精力和情绪随时会被他人影响，各种计划也随时可能被中断和打乱。当人疲于应对当下和意外，就会忽视对未来的长期规划。而这种关注未来、对未来做长期规划的能力，在心理学上叫"未来时间洞察力"。一个人对生活没有掌控感和稳定感，就没有心理空间形成"未来时间洞察力"，即使原本有，也可能会退化。

忙于照顾妹妹弟弟的她们，并没有真正属于自己的生活，更不用提掌控自己的生活，于是她们很难具备这种关注未来、规划未来的能力。没有稳定的价值观，也没有未来时间洞察力，便很容易在社会文化和别人的要求里随波逐流，可能直到头破血流才终于觉醒。

而没有机会也没有能力觉醒的是大多数，当她们生儿育女后，即使她们想爱也在爱着自己的孩子，但由于缺少独立的、与时俱进的价值观，她们常常带着压力试图劝导（甚至控制）孩子重复她们的人生模式，导致孩子尤其是女儿们或者重复相似的经历和痛苦，或者想要抗争却陷在痛苦中。

更麻烦的是，不少女儿们觉醒后，其实明白原生家庭是社会文化的承载者，母父是童年创伤的加害者，但他们同样也是社会文化的受害者，尤其是妈妈。于是，作为女儿的她们可能又恨又心疼，哪怕知道自己做的是对的，但也会对妈妈的痛苦感到自责。最终，一边想要依恋，一边想要逃离。被愤怒、愧疚、烦躁和冷漠等复杂的情绪撕扯，甚至陷入无法自拔的抑郁或焦虑。我的一些来访者还因此一直在生病，被胃病、肿瘤、息肉等反复折磨。

不同于上一讲提到的原生家庭创伤，这些都是在性别偏见文化的影响下，很可能只有女性才会遭遇的创伤。

走出原生家庭，却又掉入"爱"的陷阱

深受此类原生家庭创伤的女性，其中一些对爱和被爱失去了信心，忙于事业或者其他；还有一些则为了逃离原生家庭，一头扎进了爱情，尝试通过一段新的关系，感受爱与被爱，实现情感上的疗愈。

然而，不幸的是，在性别偏见文化的影响下，爱情很可能只是一时的激情，甚至可能只是男性剥削女性的借口和遮羞布。也就是说，这些曾受到原生家庭创伤的女性不仅难以在爱情中获得疗愈，还可能从一个火坑跳入另一个深渊。

比如前文提到的"妈妈们"和"女儿们"。遭遇过原生家庭中性别偏见创伤的她们，很可能只是因为一些关注、一些陪伴和一些语言上空洞的畅想就以为遇到了爱情，以为对方是唯一正在关心她们、爱她们的人，于是一头扎进了关系中。在"相爱"的过程中，她们满心悸动地记录"爱的日常"——也许只是一句普通的"晚安"，她们小心翼翼地珍藏那些"爱的纪念品"——也许是自己去到他那座城市的车票。

遗憾的是，很多时候，在对方看来，她们或许只

是一个性价比最高的工具人——又年轻又会干家务，还听话省钱，是免费安全的性伴侣，甚至还给他花钱，以后还会尽心带孩子。只要言语上哄一哄，披上"爱情"的外衣，她们便很容易对触及底线的问题一退再退，把关系里的利用和痛苦都看作爱情，把自身的妥协和牺牲都看作伟大。

更糟糕的是，在如此关系里的很多男性对此依然不满足，他们始终觉得自己值得更有地位、更有钱、更漂亮、更年轻的伴侣。明明已经得到了很多，也并不值得伴侣这么用心的付出，却带着这种优越感和不满对自己的伴侣居高临下、颐指气使，还吹毛求疵。

对他们来说，女性是猎物、是工具、是挂件、是勋章，是爱情剧本的演员之一，唯独不是爱人。

不少男性在"爱情"中其实一直在自私地权衡利弊。我在咨询中其实经常能听到男性来访者的利弊权衡，女性有时也有。但不一样的是，女性大多是在衡量利弊后取专一的婚恋计划，而男性时不时会出现先找个合适的女朋友或者妻子，灵魂伴侣、性伴侣之类在婚恋外再看机会，也就是通俗意义上的"开后宫"。

各种古装剧一直在这种现象上推波助澜。认知心理学发现，人类有两个认知习惯：一是参考、模仿和自己相像的对象；二是认知吝啬，只思考、记忆最简单直白的内容。

很多男性在看古装剧时，不会想后宫的历史背景，自己也不是君王，在认知苔蔷的影响下，他们可能只会记得"男人可以三妻四妾，对方爱我就不会介意，她们还会对我更好来争宠"。同样，对于现实生活中那些富豪、明星等的例子，男性也容易形成这样简单直白的理解，觉得女性不接受自己"开后宫"，只不过是因为自己不够有钱、她不够爱自己。

我很期待有一天科学技术可以一键调换爱情影视剧里的性别，或者更进一步，直接改变我们的记忆，哪怕只是外表对换，其他设定都不变，也足以影响男女双方的认知。

丧失爱的能力的"固男"们

说回性别偏见文化对异性婚恋的影响。上面提到的情况是不爱和利用，那假如男方是有爱的，或者人品还不错的呢？亲密关系会好吗？很可惜，结果还是不容乐观。

我认为，在性别偏见的文化影响下，很多男性其实已经失去了发展长期关系的能力，因为"固定型思维"的人没有认识自己、发展自己的能力，更不要说认识伴侣、发展亲密关系了。

什么是"固定型思维"？这是斯坦福大学心理学家卡罗尔·德韦克（Carol Dweck）提出的思维模式理论。她发现，人在面对自我成长时有两种认知和行为模式，分别是"成长型思维"和"固定型思维"。"成长型思维"的人认为，每个人都有潜力，可以通过努力获得成长；而"固定型思维"的人却认为，人的智商和才能都是天生固定的。

在性别偏见的文化环境下，男性从小就生活在"男性天生就比女性优秀"的概念里，加上周围人总爱夸他们聪明、厉害，对优越感和标签的依赖很容易养成固定型思维，成为"固男"，只愿意待在被认可的舒适圈里。

长大后，重男轻女的原生家庭、互相吹捧的小团体、电子游戏、网络色情等，也一直在强化他们虚幻的优越感。如果不是历史和文化原因导致家庭资源、教育资源等各种社会资源都倾向于男性，很多"固男"也不可能取得现在的社会地位。

当"成长型思维"的女性遇到"固男"，亲密关系就成了一场灾难。因为"固男"往往害怕挑战，挑战就有失败的风险，他们也常常排斥学习，失败和学习都意味着"自己不行"。于是，他们在亲密关系中遇到问题会选择逃避，假装问题不存在，还可能会把质疑当成挑衅，恼羞成怒、倒打一耙。

这样问题就很容易重复发生，但假如女性抗议，就会被这些"固男"们贴上"怨妇"的标签，把注意力从问题本身转移到人身攻击上，既回避了问题，也恶意贬低了女性。

这些都是现代亲密关系中经常出现"追逃"模式和情感暴力背后的心理原因之一。

爱情故事如何诱导女性相信谎言？

但即使婚恋如此糟糕，很多女性依然没有离开。有一些是没有钱、没有住所、没有生存能力离不开；有一些则是除了爱情和婚姻找不到其他的人生意义和目标，于是只能在糟糕的婚恋中自我麻痹，或者和更糟糕的比较来自我安慰，比如，至少他没有乱搞、至少他没打我、至少他不赌博，等等。

很多女性就这样被困在了"爱情"和"婚姻"的谎言里。而这样的谎言之所以延续不断，诱导一代代的女性踏入陷阱，离不开浪漫爱情故事的推波助澜。

当我们设想爱情和婚姻，往往会参考爱情故事，但不幸的是，我们的身边到处都是"有毒的爱情故事"。不谈现在的偶像剧和短剧，即使是如今的"大女主剧"，看起来是性别平权下的进步，但也藏着对爱情、男性和婚姻的美化，诱导女性一步步踏入陷阱。

比如，改编自阿耐的长篇小说《不得往生》、赵丽颖主演的电视剧《风吹半夏》。

剧里，女主许半夏和男主赵垒势均力敌，相貌登对，相识以后再无他人。可是，原著是什么样的呢？在原著里，半夏胖得进驾驶室都费力，爱情上头时她也减过肥，但后来她觉得这不开心，也影响她做生意，就放弃了。赵垒呢，认识半夏以后身边姑娘依然不断，虽然被半夏的思想和性格吸引，但因为对半夏的外表不那么满意，犹豫了好久，经历波折才想通外表不重要。原著真实多了。

接下来，更微妙的来了。在原著里，半夏在婚前"为自己"认认真真地做好了财产保护，这一点，电视剧却改编成了半夏因为爱所以无条件地信任和付出——剧中，许半夏因为担心自己的野心牵连到赵垒，不希望赵垒有跟着她掉进坑里的风险，"为了爱"和"为了对方"才做了财产公证。

可是，在婚姻这件事上，扯爱情做什么呢？婚姻本质上是法律制度和契约，两个人结婚，是自愿接受制度赋予的权益和责任，是个人和国家制度的合作，也是国家制度对个人的管控，整个婚姻法中也没有一条有关爱情的条例。像原著里半夏那样重视风险管理，用好制度保护个人财产和权益才是自我负责的明智做法。

钱是把握人生的抓手之一，也是对方踩踏底线时我们谈判或离开的底气之一。我们需要这种不会因为爱情就失智的女性榜样，这也符合半夏作为"创一代"大宗贸易商人的思维和行为模式。

婚姻和爱情是两回事，爱情是个人意志，是自由的；但婚姻是现实，也是法律和社会关系，有相应的限制、规则和功能。迈入婚姻的时候，如果只想着爱情，却不考察法律和两个人心目中的婚姻目标和规则，以及在具体功能上怎么合作、怎么实现，有没有能力实现，婚姻关系很难处理好，两个人很容易在冲突和期待落空的过程中消磨了爱情，甚至反目成仇。

举个简单的例子，对方的确爱你，但他信错人投资失败就会产生共同债务，他要是再一时情绪失控失手伤人，你和孩子都负有相应的法律后果——感情和处理婚姻的能力是两回事，感情或许可以激发一个人学习处理婚姻的能力，但终究更需要学习意识和学习能力。

总之，爱是关系的动力和目标之一，但不是必须的。现实生活中的关系相处需要至少不冲突的关系目标、相应的能力和人格基础，这些反而是必须的。也就是说，能力和人格基础是"1"，爱情是后面的"0"。没有这个"1"，当爱情走向长期现实，就失去了存在和生长的空间。

而且，前面也提到过，不少男性并不计划在婚姻中找爱情。浪漫的求爱过程只是为了让女性签下婚姻契约，之后，女性就被放到了妻子、母亲、儿媳等这样的功能角色上，单纯是利用或者价值交换，和爱情没有关系。

从进化心理学的视角看，其实一直是统治者和男性更需要婚姻，因为这能稳定社群，也能让男性吸引更好的配偶，增加亲子关系的可信度和子女的存活率，还能提高自己的社会地位并建立联盟。而这些目的没有一项和爱情有关。

女性其实一直在免费替国家和男性分担生育人口、照顾孩子和老人等的公共和家庭职责，这些都并不是女性应该做的，都是男性、统治者们对女性的利用和剥削。当经济基础、教育资源和医疗资源等跟不上时，女性的境况会更惨。

这也是为什么婚姻可能会让男人活得更久，而女性的受益却相对更低。根据《柳叶刀》子刊2024年发表的一项研究，对来自中国的30万名女性和21万名男性进行长达11.1年的大规模跟踪研究发现，单身男性的死亡风险是已婚男性的1.29倍，而女性仅仅是1.04倍。另外，斯坦福大学教授刘易斯·特曼（Lewis Terman）的研究项目"长寿研究"（Longevity Study）揭示，对在中年经历离婚的两性来说，男性的寿命会显著降低，而女性却呈现出寿命更长的趋势。近年来，已经有越来越多的研究发现单身的各种好处，比如更低的痴呆症患病风险。

如果不是那些所谓的"浪漫爱情故事"的诱导，特别是流行文化的影响，女性可能可以更早地发现原来男性不可靠，爱情不真实，婚姻也不美好，原来自己很长一段时间都生活在"爱情带来幸福"的谎言中。

爱女文学，如何刺穿"爱情"的谎言？

用爱女文学对冲有毒的"爱情故事"

如果说传统的浪漫小说和爱情故事都搁笔在"王子和公主幸福地生活在了一起"这个看似完美的结局，在这里，我期盼更多的女性能多读一些像《她对此感到厌烦》这样的爱女文学（以下简称《她厌》）。在《她厌》的故事里，作者�鹤毫不留情地揭露了"幸福"的谎言以及"在一起"之后的悲剧。

《她厌》故事的开始，女主购入了一款名为《女神录》的女性向游戏。她穿越进了这个游戏，成了一名贵族家的女儿莉莉丝。可是，成功攻略男主以后，莉莉丝并没有回到现实。为了回到现实，她一遍又一遍地重复游戏，攻略了所有男主。但最后，她厌烦了——厌烦了迎合男性，厌烦了被人安排，也厌烦了女性间为了男性所做的竞争。于是，她跳出了攻略男主的游戏目标，开始做自己。

其实，"莉莉丝"这个名字在西方神话里是人类祖先亚当的第一任妻子，她因为不满亚当而离开了伊甸园。在《她厌》里，女主也是这样，她不满每一个男主，也不满王朝腐朽的制度和文化。在小说的第一部里，她步步为营，积累权力、钱财和名望，带领身边的女性觉醒；在第二部里，她彻底离开家族，开始联合更多的女性一起推翻王朝，为女性争取更大的生存发展空间。

整个故事都是对现实世界的隐喻。故事里的"游戏世界"对应的是当下女性被限制的空间和人生，故事里回不去的"现实世界"对应的是当下女性从未拥有过的自主、自由和被尊重的人生。

《她厌》想要告诉我们，想要冲破限制、获得自由和尊重，爱情是最大的陷阱，靠男性和统治者没有用。所以，《她厌》里有一个很关键的设定是，女主没有任何爱情，其他配角的爱情也都走向了破灭。

女主莉莉丝所认识的每一位男性，无论是爸爸、哥哥，还是王子、骑士，等等，看起来都爱她，但只要莉莉丝做的不符合他们的期待，损害了他们的利益，伤了他们所谓的面子，这些人就会翻脸。

小说也借各种片段揭穿了这些男性角色的虚伪扮相：王子看起来尊贵有礼，但实际上贪恋权势又智谋不足；骑士看起来英勇清流，但实际上傲慢又冷漠；神官看起来纯洁儒雅，但实际上欺软怕硬又自欺欺人；还有故事里的公爵，看起来骄傲又爱得专一，但实际上恶毒又变态，囚禁妻子，甚至拔了妻子的舌头。你看，这些虚伪扮相是不是在现实生活中都能找到对应的典型？

这也是为什么比起那些主流的爱情故事，我更建议大家读一些像《她厌》这样的故事。我们需要这样的故事，来对冲现实、对冲有毒的爱情故事带来的"洗脑"。

主动创造爱女的生命故事

对于上位者来说，故事一直是用来"洗脑"的最好用的权力工具之一。因为故事有人物、有情节，能让人主动代入自己，在情绪起伏的过程中主动吸收故事中的各种价值观和因果暗示。但也正因如此，故事也是我们用来冲破权力壁垒、重塑自我认知的工具。

这也是叙事心理学的主张。叙事心理学认为，个体通过自己的生命故事来构建自我认同和身份，通过故事理解过去、展望未来，在故事里寻求人生意义和目的。当实际的生活体验和生命故事发生矛盾的时候，就会产生心理问题。

女性的心理问题越来越多，是因为实际体验到的痛苦，和文化宣导的"爱情带来幸福"的生命故事不一样；男性的心理问题越来越多，是因为实际体验到的各种挫折，和他们从小被告知的"男性天赋异禀、无所不能"的生命故事不一样。

在体验不一致的情况下，为了完成生命故事，人有时会不惜自我欺骗。例如，女性吵架后为伴侣冷脸洗内裤就是这样——一边痛苦，一边继续完成名叫"爱情"的生命故事。一些男性就更恐怖了，不惜以暴力犯罪来完成"无所不能"的生命故事。

要注意的是，故事并不等同于经历。就如上一讲提过的，塑造我们的不单单只是经历，更重要的是我们对经历的理解，对经历的理解决定了我们怎么讲述自己的生命故事。

《她厌》这样的"爱女文学"就为我们提供了新的故事和新的理解。比如，身为女性，也许人生没有爱情反而更精彩、更幸福，会发现自由、尊重和权力等都比爱情更满足、更快乐、更有意义。再比如，婚姻不一定会带来幸福，很多时候只是上位者和男性的利益诉求而已。又比如，女性的价值也不取决于外表和男性的肯定，而是对自己人生的自主和目标的实现。

在故事的"思想实验"中疗愈创伤

心理咨询中有一个疗法叫"合理情绪疗法"，也就是，让来访者在脑海里重新回到那个受伤的片段，通过调整错误信念，来减少消极情绪和行为障碍。

爱女文学的很多片段或许都可以起到替代咨询的疗愈作用。比如，在《她厌》第二部里，当莉莉丝和同伴们正在河里洗澡时，男主之一弗朗西斯突然出现了，他一边打量着河中的女性，一边浪荡地吹口哨。莉莉丝的女性同伴们见此情景，纷纷感到不安与羞耻，立刻躲进了河里，害怕"清白"被毁，也害怕自己无力反抗。

这一场景重现了现实生活中，在男性凝视下，女性因为身体带来的羞耻感，也重现了女性面对男性力量的恐惧。这些都是经历过性骚扰和身体暴力的女性经常留下的创伤。

但接下来的发展是，莉莉丝带领同伴活捉了男主，剥光了男主的衣服，让女性同伴们反过来凝视男性的赤裸。在看着男主从戏谑到诧异再到恐惧的整个过程中，女性同伴们的羞耻和躲藏消失了，故事在莉莉丝割下了男主的生殖器时达到了高潮。

这个故事发展，好比在咨询中带领来访者回到创伤记忆，通过加入新的理解来减少羞耻感，也就是，女性的身体经历了什么，和女性是不是"清白"无关，"清白"和"贞洁"这样的概念都是男权文化下对女性的控制工具。并通过引导来访者想象反击和新的结局，来释放恐惧和无力感，建立对未来的信心，发现原来靠合作、工具和力量，女性可以反败为胜。

这些故事便是小说和社科类理论的不同。社科类理论更多在告诉我们，现在的世界是什么样的、为什么是这样的，但关于未来，多数是理念的倡导。而小说故事却可以通过思想实验，突破现实条件的限制，展现未来的故事，让人看到知识、理念和策略如何被应用。当看到具体的应用图景，人就更有可能产生期待，积累更多的勇气去实践，加上应用图景本身也是一种实践榜样，让人在思考行动时有模仿榜样来指引自己。

当每个女性都开始试着创造新的人生故事，我们就不再是文化的承载者，而是文化的创造者。

说到"思想实验"，一些影视剧中其实也有，比如法国浪漫喜剧电影《男人要自爱》。在这个故事里，男主穿越到了一个女性主宰的世界，女人拥有权力，她们不穿裙子，清一色穿着西装长裤，会在街上对帅哥吹口哨，还会袒胸露乳地跑步、出轨和约炮等。而男人则容易被职场潜规则，成为被打量的对象，约炮时会因体毛旺盛被嫌弃。女人出轨时，男人会被劝忍耐并从自身找原因，还要通过练瑜伽锻炼身材，以求重获芳心等。男主一开始还会反抗，后来变得越来越多愁善感又依赖伴侣，充分展现了环境如何塑造人、扭曲人。

这个故事已经很有启发，但我认为还是过于温和了，远没有重现女性经历的水深火热和危机重重。至少在变革期，我们需要"极端"的故事来突破被文化和创伤限制的想象力。"极端"并不是为了宣扬暴力、挑起对立、传递"男人都不是好东西"这样的绝对观念，而是为了赋予故事背后的价值观最大的现实力量。

比如，《她厌》中的女主莉莉丝一直在对她的女仆多琳和所有的女性同伴说："救你的不是神，是权力、武器和钱。"我认为，这句话背后的价值观其实

是，直面人性，靠自己积累权力、武器和钱，用它们
管理人性，赢得自由和幸福。

为了传达这一点，《她厌》的故事彻底斩断了对
爱情、对男性、对统治者的幻想，告诉每一位读者，
除了靠自己团结、变革，没有退路，也没有其他出路。

女性主义者想要婚恋，该怎么办？

最后，让我们回到最开始的这个问题：女性主义
者想要婚恋，该怎么办呢？

对于这个问题，目前无论是从理论角度还是实践
角度，我都还没有十足的信心分享观点或经验。但不
同于《她厌》里对异性恋彻底的放弃，至少我个人不
会放弃对真爱和婚恋的追求。

因为人终会走向死亡，在死亡这一终极的孤独和
毁灭面前，爱与被爱始终是救赎，家人也始终有机会
成为最温情的牵绊。所以，我一直在寻求更好的方法，
和伴侣一起让真爱在现实中成长。我们互为爱情的盟
友，也互为个人成就的盟友，而在实现女性主义，或
者说，实现更终极的人人平等的道路上，我们也互为
田野调查员。

另外，我很喜欢《她厌》的一点还在于，除了传
达女性主义，它还传达了很多值得我们思考的平等理

念。比如，从女主和仆人们的互动中反映出来的阶层平等、种族平等、教育平等，等等。

不平等问题的背后其实都在涉及权力关系。而权力和偏见一样，都是爱的敌人。

心理学家荣格说过："当权力主宰一切时，爱就消失了。"为什么？因为爱是利他、是忘我、是富足的体验，但权力常常包含膨胀的自我和欲望，当一个人深陷对权力的渴望、当一段亲密关系成为权力取向，高位者会变得很难摆脱匮乏的感觉（欲望让人想要更多、永远不够），低位者会变得压抑又丧失自我，于是"爱"没有了生长的土壤，也没有了生长的空间。

关于权力如何影响人和关系，尊重和爱又是怎么消失的，我们在下一讲进一步具体展开。

03

权力关系

亲密关系的本质是一场权力斗争？

这一讲我们来聊聊权力。在某种意义上，权力赋予了"自我"一种特殊能力。拥有权力的"自我"在做出决定后，能够毫无阻碍地将其付诸行动，而无须考量"他者"的想法与感受。这一现象背后便隐藏着权力的影响：当"自我"凭借权力自由行事时，"他者"的自由空间却在被压缩。处于权力低位的"他者"如同面对外来闯入者般，不得不承受权力高位者通过权力施加的意志。

权力是自我存在、表达和发展的基石，在每一段亲密关系的背后，"权力"或多或少都在影响着爱、双方和关系。"不爱了"的背后，有时候也是权力造成的阴影和结果。

权力取向的亲密关系是什么样的？

在咨询中，我经常会遇到这样一种情况，来访者对伴侣的行为一直很苦恼，甚至很愤怒，尝试了各种方法，但无论怎么沟通就是无法改变对方，问我该怎么办。

这时候，我会问来访者两个问题：一个问题是，如果他一直这样子，你会离开吗？另一个问题是，如果你离开他，你的生活会是什么样的？

这两个问题都在判断来访者能不能离开，无论是心理意义上的还是实际生存意义上的。如果离不开，那这段关系很可能已经变成了权力取向的关系，关系怎么样已经不是方法和爱意的问题，而是全由高位者的意志来决定。

除了"离开"这个议题，亲密行为，尤其是性行为也是常用的判断权力大小的议题：谁能决定今天要不要进行性行为？是一个人说了算，还是两个人商量着来？如果总是一个人说了算，那这个人很可能就是权力的高位者。谁能决定性行为的时候要不要采取避孕措施？尤其是男方，会不会主动采取？还是总是需要女方事后自行补救？这样的补救是不是一直在发生？如果总是需要女方补救，那女方很可能已经是这段关系里权力的低位者。

这几年我接过好些相似的女性来访者，她们本身的学历、能力和性格都不错，但进入婚恋后，一方面过于信任伴侣和爱情，另一方面因为怀孕育儿的实际需求，逐渐放弃了工作和社交，生活收入全靠伴侣，再加上原生家庭毫无支持，也没什么朋友，假如离婚，自己和孩子几乎没法生活。这时候，她们的伴侣就成了权力高位者。

后来，伴侣越来越"不爱了"，她们便完全成了伴侣的工具人，来咨询也是为了以更好的状态来带孩子、照顾家庭。哪怕伴侣做得再过分，她们也没办法，一边愤怒一边无奈，只能想方设法地抓住婚姻、抓住对方的人和钱。

她们有时候安慰自己这就是爱，但更多时候是陷在恐惧、自责和后悔里，张学友的《如果这都不算爱》这首歌把这复杂的心情唱得很明白："难道牺牲才精彩伤痛才实在，要为你流下泪来才证明是爱。"

还有一些关系最初就是权力取向的，比如古装剧里的帝王和嫔妃，现实生活中的师生恋、职场中的上下级恋情等；再比如什么要求都答应才求来的关系等。

我们常说的共识、尊重、理解、沟通和欣赏，通常都发生在平等取向的亲密关系中。而在权力取向的亲密关系中，控制和支配是主要的底色。高位者会持续地改变低位者的思想和行为来满足自己，同时，抵抗低位者施加的任何带有企图的影响，让低位者觉得不公平又无力。

权力为什么会让爱消失？

即使明确了关系问题背后的原因，还是会有很多来访者反复问：为什么在权力影响下，爱会消失？为什么不是越有权力，越能用好权力去爱人？

对于这两个问题，我想先借由美国政治学学者布鲁斯·布尔诺·德·梅斯奎塔（Bruce Bueno de Mesquit）和阿拉斯泰尔·史密斯（Alastair Smith）在其著作《独裁者手册》（*The Dictator's Handbook*）中的政治学理论展开分析和解释，然后我们再来看看心理学理论视角下对此的解释。

致胜联盟：婚恋与政治有相同的运转逻辑？

《独裁者手册》的核心观点是，统治者们自利的算计和行为是政治推动力，对当权者来说，先赢得权力，再维持权力，并掌控尽可能多的国家资源和收入是最佳手段。为什么呢？作者认为，看待政治行为要跳出责任、道德等视角，要意识到政治行为是具体的个人做出的，人会致力于去做对自己有利的事，而不是对他人有利的事。

当具体的个人赢得了权力、享受过权力，就会想要维持权力。而要维持权力，广泛的爱和分享是不行的，必须看清楚谁是你赢得权力、维持权力的同盟。

作者把这群同盟叫作"致胜联盟"。而要让致胜联盟始终拥护你，你就要源源不断地向他们输送利益，并且要确保自己是他们最好的拥护选择。

现在让我们用《独裁者手册》中的观点来看待婚恋关系：在婚恋关系中，当对方发现自己对你有影响力和控制力，也就是说，他在这段关系中处于权力高位者时——无论他怎么做，你都不会离开，哪怕你离开，他也能有更好或者差不多的替代选择时，他就不需要通过利益输送来维持你的拥护了。只要他真正的致胜联盟没意见，他就也不会关注你的权益。

换一个可能有点刺痛的说法，如果他怎么对你，你都不会离开，甚至还会继续对他好，那么他为什么要用行动爱你、对你好呢？

关于这一点，我在咨询中听到的权力高位者的真实想法经常是，"我接受他对我好，他就应该满足了"，或者是，"我觉得可能他很享受付出的过程吧"。他们的想法在态度上傲慢又冷漠，但在逻辑上却很自洽，也符合行为主义心理学的观点——行为不断得到积极反馈就会得到强化。在低位者看来，自己是爱、是感化；但对高位者来说，这就是低位者对他的积极反馈，进一步激励他牢牢抓住权力，维持对低位者的傲慢和冷漠。然后为了继续强化权力，他只会愈加重视权力背后的致胜联盟。

那么，权力高位者真正的致胜联盟往往会是什么呢？这就要看他们的权力源自何处：如果来自金钱，致胜联盟就是给他钱的人或者组织；如果来自性别，致胜联盟就是赋予性别权力的人或者文化；如果来自武力和暴力，致胜联盟就是纵容家暴的法制和社会环境；如果来自外表，致胜联盟就是外貌偏见的文化和帮他维持外表的行动或者机构；等等。

为了保住权力，权力高位者会主动或者本能地关注自己权力背后的致胜联盟，优先保障致胜联盟的利益。人的时间、精力和资源都是有限的，一边更多，另一边就会更少。在这种情况下，权力高位者对伴侣就算情感上有爱，也会爱得越来越偷懒、优先级越来越靠后，最后从行动上来看就是"不爱了"。

如果说前两讲提到的原生家庭和性别偏见导致的"不爱了"，好比爱的运行程序本身出了问题，那么在这一讲提到的权力不平等，好比一个强大的干扰机制，就算一开始爱的运行程序本身没有问题，但这一干扰机制一旦开始运作，爱很有可能就会被摧毁。

而对低位者来说，当你离不开，为了保住你在这段婚恋关系中的位置，他反而是你的致胜联盟，你需要向他输送利益来维持拥护。这时候，如果他致胜联盟中的其他任何人、任何组织，比如他的单位和孩子都无法影响他的决定，那么他就成了你唯一的致胜联盟，就变成了你们关系的独裁者，你只能受他控制。

补偿性控制：PUA，源于未满足的权力感？

我们再从心理学的角度看看这个问题。我认为，在充满了性别偏见、阶级偏见、种族偏见等各种偏见的社会文化中，一个人只要认同这些偏见，无论他是受益方还是受害方，他可能根本没法形成爱的能力。为什么呢？

心理学中有一个理论叫"补偿性控制理论"，意思是，当一个人的自我受到威胁，他会通过各种行为来补偿自我的受挫感。我们以性别偏见为例。

从这个理论视角来看，在性别偏见的文化影响下，对很多男性来说，童年是他权力的巅峰期，原生家庭是他权力感最高的环境。只要他认同这种偏见，他就会内化这种权力感，把这种权力当作理所应当的基准线。

但是，当他进入更大的环境、进入社会，见识到更多自己没能得到的男性特权和其他特权，或者处在不以性别为权力来源的环境中，权力和权力感自然都会下降。这时候，这些男性便开始了心理受挫的一生。

一受挫就容易找补偿，于是各种各样的通过控制别人来找回权力感的行为就出现了。比如，在婚恋关系中欺压女性、出轨、嫖娼；再比如，在生活中打压处于弱势的服务人员，在职场中 PUA 下属、腐败；等等。

补偿性控制理论也可以用来解释一些女性对孩子

或孩子伴侣的过度控制。在浪漫爱情文化的影响下，一些女性对爱情中自己的权力怀有过高的期待。加上婚恋初期，尤其是追求期、生育前，男方和相关方可能会让女性感受到被关注、被优待的权力感，这个时期就成了权力感的巅峰期。但在这之后，就开始了心理受挫的人生。

其实细想一下，虽然体会过权力感，但权力并不掌握在自己手上。因为权力的来源是对方的爱或情欲——权力只是暂存在爱或情欲的对象上，也就是对方对求偶和生育的需求，一旦感情下降或者消失，一旦需求被满足，这种权力就会被收回。女性也就从被追求、被优待的角色变为了性伴侣、妻子、妈妈、儿媳等职责多过权益的工具性角色。说到底，这些角色本就是很多男性一开始的目的。只是爱情上头时，可能两个人都被迷了眼，尤其是女性。

如果离不开，也没有职场等其他地方寻求健康的补偿，便很容易在相对弱势的孩子或者孩子伴侣身上找补偿，追求作为家长和长辈的权力感。

权力会给人控制感和地位感，而控制感一直是人底层的心理需求之一。人在影响自己、他人和周围环境的过程中感受自我的存在，也在互动过程中认同自我。当自我受到威胁，失落感和恐惧感会让人密切关注威胁，甚至风声鹤唳、草木皆兵，这时候他既无法关注自我，也无法关注他人，更不要谈爱另一个人了。

而且，自我受到威胁还会让一个人依赖并拥护一个结构简单、能给他控制感和地位感的外部环境，这在专业术语上叫"泛化结构的确认"。从这个角度，我们就能理解，为什么一些男性会固执地坚持那些权力不平等的观念和制度，并抱团取暖。

另外，这几年都说"要对精英祛魅"，其实从补偿性控制理论也可以理解"为什么一些精英私下其实很糟糕"。因为只要他们认同自己高人一等，对权力的欲望就在不断滋生。但世界这么大，受挫在所难免，欲壑又难填。于是，对外，他们继续维持精英人设；对内，他们会在私密且安全的关系里找补，追求完全的掌控甚至超常的放肆，来满足自己受挫的、空虚的权力感。最常见的，比如，对外谦逊，对作为自己致胜联盟的上级谄媚；对内却羞辱低位者，曾经震惊社会的犯罪事件、北大学子牟林翰精神虐待女友包丽致死就是这样的极端案例。

所以，我一直觉得现在的社会环境其实对爱并不友好，因为偏见很普遍、价值观也很单一，再叠加经济环境和社交媒体的影响，人的权力感欲望和受挫感体验都在与日俱增，没有心力去爱。

更麻烦的是，爱另一个人本来就是一种冒险，会面临新的失控和受挫的风险，当人格和心理状态不稳定，这个过程堪比受刑。在追求期，双方或许还能压制自我受到威胁时的不安、生气和怨恨等负面情绪和冲动，但等关系稳定就会爆发——比如，通过无理由的作、闹和控制来补偿自我，最后伤害感情和关系，陷入恶性循环。这也能用来理解为什么一些人不恋爱时还挺好，一恋爱就变了一个人。

爱与权力，有可能共生吗？

权力和爱是必然无法共生的两种力量吗？爱必然会输给权力影响下的人性吗？

在我看来，因为我们是群居动物，生存发展都依赖合作与资源，权力对个人来说既代表效率，也意味着特权，我们很难摆脱"对权力欲求不满"这一人性的阴暗面。但是，也正因为我们是人，所以我们依然有自由意志和灵性智慧来平衡权力、把握住爱。

具体来说，对亲密关系的经营可能不能仅仅只依赖爱，还要尽可能找一个偏见少、思想保持更新的伴侣，然后用权力来制约权力，为爱留出空间。尤其对相对处于弱势的群体来说，一定要主动关注权力、主动获取权力。

那么怎么获取权力，并且又不滥用权力呢？这个话题太大了，我们还是回到爱和亲密关系这个主题，从自我认知和关系认知的角度来聊聊。

重新上桌：创造新的语言、科学、故事体系

要掌握权力，在自我认知上必须要有主体思维，简单来说，就是"我要"以及"我可以"。延续前面聊到的性别偏见，我们还是以女性的处境作为例子来展开谈谈。

在自我认知培养的过程中，女性尤其要警惕权力工具的"洗脑"，它们常常把女性放在客体和弱者的位置上，满足别人，然后等待别人做主。除了上一讲提过的"故事"外，语言和科学也是常见的权力工具。

我们先来简单说一下语言。如果留意日常生活中和性别有关的词汇，你会注意到积极的、有力量的词汇常和男性有关，比如英雄、雄鹰、阳刚等，而消极的、弱小的词汇又常和女性有关，例如荡妇、妇人之仁、阴柔、白嫖等，包括很多骂人的粗话也都和女性相关。而且语言的"先后"也在暗示"主次"，比如"父母""儿女"等，这也是为什么你会在这本书里读到"母父"这样的语言，这并不是为了强调新的主次，而是为了对冲广泛的"主次"暗示。

在认知吝啬这个本能的影响下，我们会记住这些词汇在快速联想下带给我们的暗示和感觉，这就很容易引发对男性的高看和对女性的低看，不利于两性平等，更不利于女性自尊感和权力感的培养。

关于这一点，《语言恶女》（*Wordslut*）一书中有

更多、更细节的阐述，比如"bitch"最初实际上只是"genitalia"（生殖器）——任何人的生殖器——这一中性词的代称，经过漫长而多变的演化后，被用来形容雌性野兽，后来又演变出了现在的意思：专横、邪恶、不"赏心悦目"的女性。

中国也有相似的词汇演变。比如"狐妖"，先秦时期，狐妖和麒麟、凤凰等一样是祥瑞与灵兽，含义是积极的，也没有性别之分。经过演变却最终有了女性化倾向，多与"红颜祸水"的叙事主体有关。

这种对女性的分类和对具有某种特征的女性进行命名本身既是父权制下"权力"的体现，也是"权力"在发挥影响——以自我的视角和需求定义"他者"，然后影响更大的群体对"他者"的认知，规训"他者"以权力高位者的标准看待自己和行事。

你知道吗？权力真正彰显其威力的地方，并不是低位者对高位者表面上的服从，而是低位者内心深处发生的一种转变。这时候，低位者会吸收并认同高位者的渴望，将高位者的渴望内化成自身的渴望（比如，一些女性对成为"好女人"的渴望背后是男性的渴望，渴望女性服务他们、满足他们）。更严峻的是，低位者不仅会心甘情愿、带着优越感和意义感来遵循高位者的意志，甚至主动预先感知高位者尚未言明的想法，并将其当作自己内心自然而然产生的意志去践行。

也就是说，权力越强大，就越悄无声息甚至披着

"自由""成功"和"意义"的外衣运作。

所以，语言和故事一样，都是极其强大又潜移默化的权力工具。女性想获取权力，就要主动创造新的语言体系，比如最简单的，开始使用"英雌""去你爸的"这样的词汇。

当然，这些词汇有"矫枉过正"的嫌疑，因为本质上这重复了父权制语言体系中的"压迫逻辑"，但有如我上一讲提到的"对冲"和"突破"，在变革期，在语言这件事上，我们也需要"极端"的另一种语言来突破被文化和创伤限制的想象力，对冲现实，对冲父权制语言体系带的"洗脑"，冲破权力壁垒，重塑自我认知。而长期来看，我们更期待也更需要全方位平等友善的语言体系，不只是两性平等，也包括种族平等、年龄平等、贫富平等等各种平等。

说完语言，现在我们来好好说说科学。很多人总以为科学是公正的，可以通过揭示真相来赋予人人平等的权利。但并不是这样。科学一直到现在还是性别偏见的帮凶。

先问大家两个简单的小问题：你知道玛丽·居里女士是第一位两次获得诺贝尔奖的科学家吗？你知道在人类早期历史上，女性为群体采集了三分之二的食物，并且承担了更多的职责吗？这两件事都是事实，但人们很少知道，因为我们看到的科学已经被人为筛选过了。

而且，科学家这个群体自身也有性别偏见。耶鲁大学 2012 年的一项实验研究显示，科学家们不太愿意招聘女性研究者，而且一模一样的简历，仅仅因为名字看起来是女性，年薪就会少 3200 美元，比男性名字低了 10%。

不仅如此，科学的研究过程和研究结论也同样充斥着偏见。比如，你觉得"男性是理性动物，女性是感性动物"这种说法有道理吗？

科学记者安吉拉·萨伊尼（Angela Saini）在其著作《逊色：科学对女性做错了什么》（*Inferior：How Science Got Women Wrong—and the New Research That's Rewriting the Story*）中提到一个与这一说法密切相关的科学研究：2000 年，剑桥大学心理学家西蒙·巴伦－科恩（Simon Baron-Cohen）通过研究 100 名婴儿，声称发现"女孩生来就是共情者，男孩生来就是系统思维者"，他把这叫作"共情化－系统化理论"。

这项研究看上去似乎佐证了我们前面提到的说法。然而，巴伦－科恩之所以得出这个结论，只是因为研究发现，大约有 40% 的男婴倾向于看可移动拼接图片，而女婴是 17%；同时，25% 的男婴倾向于看人脸图片，而女婴是 36%。这就是他的研究所依循的全部证据。看移动照片的男婴被认为系统性思维更好，因为他们好像是在做一些分析，而看人脸的女婴被认为更有共情的能力。

《逊色》这本书的作者认为，这种分析太片面了，结论也是主观推测，被巴伦–科恩的性别偏见扭曲了。

而且，实验过程其实并不严谨，因为展示图片的研究员已经知道了婴儿的性别，对婴儿可能有诱导。比如，当男婴看向可移动图片时，研究员的情绪和面部表情可能变得更积极，于是婴儿也做出了更积极的回应。换句话说，这和性别与图片无关，只和人类互动的特点有关。

不只是证据和过程的问题，这个实验也并没有被重复过。换一批婴儿，加上更严谨的实验过程，数据很可能就变了。可重复性一直是检验科学研究的金标准，但是研究要钱、要时间，重复别人的研究不符合其他科学家的研究方向，也不利于职业发展。

或许一些女性科学家有意愿，但学校和赞助商未必同意这样花钱，真做出来也不一定有期刊愿意发表。这也是为什么性别偏见的科学结论哪怕有争议，也很少被推翻的原因之一——平权不是科学系统的目标，也不符合系统内各个团体的利益最大化。

既然被人掌控的科学并不可靠，那么没有人的人工智能可以吗？也不行。比如，《哈佛商业评论》曾有过报道，一些人力资源管理的人工智能系统在筛选简历时，对包含"女性化"兴趣爱好或经历的简历打分会较低，减少了女性的面试机会。

说到底，训练人工智能的现实数据已经被性别歧视的社会污染了，主导算法的工程师很多时候也是男性，缺少对女性的关注和赋权。那怎么办呢？

长期来看，女性要努力成为语言、故事和科学等这些权力工具的创造者。短期来看，我们每个人都能做的是不再盲从科学，尤其是在性别观念的变革期，要相信自己拥有超越性别、身而为人的能力和权益，还有各种可能性，并积极尝试去具体地实践。

我们可以从一些有趣又轻松的小事着手，比如2024年上线的整个制作团队都是女性的动物纪录片《大自然的女王》。纪录片拍摄了不同地区的雌性动物作为群体领袖的力量、谋略和斗争等。解说的整个语言体系也都是女性向的，你既能直接体会到各种积极暗示，还能看到领袖是如何通过利益输送和致胜联盟来保持权力的。

一起做事：打造女性友好型致胜联盟

上面我们聊了自我认知，下面我们来聊聊关系认知。

在上一讲，我们也剖析了浪漫主义爱情叙事的陷阱。实际上，浪漫主义最危险的地方是，它过度相信爱情和关系，而忽视了人性——趋利避害和享乐主义才是人类行为更稳固的动机。

在亲密关系里也是这样，关系要长久、稳固且高质量，除了感情，双方还要保持势均力敌的权力，用好两个人趋利避害和享乐主义的动机。

看清楚他认为什么是利、什么是害，也就是了解他的权力来源。然后，再用他想要的"利"来拉拢他、驱动他，用他不想要的"害"来限制他、规劝他，也就是对他进行利益输送。如此，双方才能成为彼此的致胜联盟。

但人也不全是趋利避害的理性动物，还得观察什么样的快乐会让他失去理性、欲罢不能，提供这样的快乐作为正面激励，拿走这样的快乐作为负面反馈，进一步加固致胜联盟。

在趋利避害和享乐主义这两个动机上，彼此越能互相满足，两个人的不可替代性也都越强，双方就越有可能成为彼此关键的致胜联盟，权力于是就会越平等，关系也会更稳固。

不过，要保持权力，最重要的其实不是对方如何、关系如何，反而是自己——自己要不怕离开对方，也不怕离开婚恋关系。

还是以女性为例，传统文化其实一直在渲染女性单身和离开婚恋关系的恐慌。比如，原本离婚是为了减少人生损失、追求新的可能性，但在贞洁观的影响下，似乎女性一旦离婚就要被唾弃，也不容易找新的伴侣。回到我们前面提到的政治学理念，这极大地限制了女性在婚恋关系中的"致胜联盟"——从个人认知到亲缘关系再到社会环境，所有人都不是同盟。

这一点，纪录片《大自然的女王》里狮子的做法或许是个不错的借鉴。在纪录片中，三只母狮子形成了一个联盟，其中一只刚生下三只小狮子。有一天，一只公狮子想要来交配传承基因，但为了确保自己后代的权益，公狮子会试图杀死原来的三只小狮子——这违背了狮子妈妈和母狮子联盟的权益。这时候，母狮子联盟先是派出两只狮子和公狮子战斗，既想打跑它，也想吸引它的注意力，让另一只母狮子有机会转移小狮子。但这个计划失败了。

然后，精彩的来了。母狮子联盟明确了目标——保住狮子宝宝，并且不怀孕。于是，那只刚生下宝宝还无法受孕的母狮子，伪装成交配状态主动勾引了公狮子。交配后的公狮子便默认了已有的狮子宝宝是自己的后代，主动承担起了保卫的职责。母狮子联盟就这样把敌人变成了同盟。假如狮子也有贞洁观，这一切就都行不通了。

除了贞洁观，传统的"男主外、女主内"的性别分工，通过束缚女性的活动空间让女性失去资源，尤其是钱和人脉这两种普遍性资源。这既不利于利益输送、建立并稳固同盟，也不利于离开后的生存和找替代同盟。

包括"嫁出去的女儿，泼出去的水"这种观念，同样也是在削弱女性的同盟，让女性孤立无援。此外，外表攀比也是这样，一方面服务男性，另一面减少女性可以用来获取权力的时间、精力，还导致女性内部的斗争，再次失去潜在同盟。

你看，为了让女性主动零成本甚至亏本被利用，传统文化不仅创造了关于爱情的剧本和谎言，还不断缩小、削弱女性的致胜联盟，剥夺可以用来利益输送、结交同盟的各种资源，试图消灭女性改变处境和未来的可能性。

相反，社会对男性的宣导却一直在鼓励他们扩大致胜联盟，积累资源，保持可替代选择。比如，家族的概念，"兄弟如手足，女人如衣服""男人靠征服世界来征服女人"的观念，等等。

在这样的文化影响下，当两性进入婚恋，权力很自然就会失衡，女性容易处于弱势，受到男性的支配和控制。

所以，当女性想要进入一段长期的婚恋关系，一定要先有积极的自我认知，培养自尊感和权力感，始终有离开的底气和资源。之后，在关系中，还要始终关注对方的权力来源是什么、谁是他的致胜联盟。

在咨询的过程中，我观察到的婚恋中相对稳定的权力来源，包括但不限于：对外有家庭责任感的人设，性癖好的满足，老一辈和孩子对家庭完整且稳定的需要，共同财产，绝对的信任关系，对"积善之家必有余庆"和"亏妻者百财不入"的信仰等。

其中，绝大部分人能用的，是对钱的把控。比如，在婚前就要用好法律，固定住婚前财产。如果双方可预见的婚后收入和资产收益差距过大，担心对方获利离场，还可以在婚前就做好分配约定。当然，在婚后也要继续保持对两个人收入和资产变化的了解。

要额外注意的是，为了把控权力，对对方的信息要有知情权，最好是不经对方筛选就能获取信息的渠道，尤其是他的权力来源。还要有看人和社交的能力，建立自己的致胜联盟，并且要有一定的运气，让自己不会因为意外陷入绝境。在长期的婚恋关系中，爱是上限，人品是底线，权力是最好的支持方，也是最坏的迫害方。

爱只存在于权力平等的关系之内

看到这里，你会发现，婚恋关系的权力管理不亚于职场中的钩心斗角，但回报却不一定比得上职场，风险还比职场大。

在职场中，就算处于权力低位，也有保底的回报和法律的保障，每天也有可以休息的时间和空间。职场和私密生活也有距离，哪怕有伤害，也能控制在一定范围内。而且，即使一时离不开，也能一边潜伏一边积累，寻找别的发展机会。

但婚恋不一样。在婚恋关系中，一旦处在权力低

位，对人生和心理都是消耗，"骑驴找马"在道德上
也不光明。而且，越是深爱过、交流过，彼此所掌握
的能给对方造成伤害的武器就越多、越有威力，心理
和身体上的暴力伤害也更难预防和抵抗。

于是，好多人，尤其是好多女性，想通了就不爱
了，也有的干脆放弃追求爱情，选一个投资回报合理
的婚恋关系，把婚恋当合伙开公司或者当打工或雇用，
目标明确，各取所需，两个人都清醒地追求自利，反
而更能得偿所愿，获得各自心中的公平。

有点抱歉，到最后，我还是得出了这么悲观的推论。

但即使如此悲观，我也希望这一讲的内容能给依
然尊重爱、想要追求爱的人们一些启发：

爱只存在于权力平等的关系之内，越是长期的婚
恋关系，越会受到来自文化、外界和人性方方面面的
考验。只有我们直面这些威胁和阴暗，并找到应对它
们的方法，才能在爱的种子萌发前就创造一个对爱友
好的土壤，让爱成长，不被扭曲甚至毁灭。

在《独裁者手册》这本书的最后，作者写道：
"我们最美好的愿望就是，那些冒着生命危险与独裁
者周旋的人们能够幸福和成功。"我的愿望也是如此，
我也希望冒险追求爱和长期婚恋关系的人能够收获幸
福和成功，用更现实的视角和预期做出选择，也用更
符合人性规律的方法做好应对。

04

精神虐待

关系中的沉默打压，何以成为一场谋杀？

相比于标题里的"精神虐待"，"冷暴力"是更常见的说法。冷暴力是不爱了的表现，也是不爱了的原因，更糟糕的是，冷暴力会让人对自己、对爱本身"不爱了"。

我在标题里使用"精神虐待"这个更专业也更触目惊心的词，是希望更多的人意识到冷暴力不只是一种"有问题的相处方式"，而是一种实实在在的虐待——相比于身体虐待，这种虐待更隐蔽、更迷惑，也更容易让被虐待的一方无从求助。冷暴力的双方也不再是关系本身的角色（比如伴侣、母父、孩子等），而是"施虐者"和"受虐者"。

如果你是"冷暴力"的亲历者，直面这种行为和角色的本质可能会让你很煎熬，但这也是改变的契机——对自己来说，让人重新认识自己、重建支持系统、重新爱自己；对关系来说，让伤害性的互动模式得以终止，让彼此有机会重新选择。

这一讲，希望能带大家认识冷暴力过程中施虐者和受虐者背后的心理活动，为爱、为关系，也为自己做出更好的判断和行动。

冷暴力，有什么表现？

常见的冷暴力

什么是冷暴力呢？简单来说，冷暴力指的是通过冷淡、轻视、谩骂、疏远和漠不关心等方式，致使他人的身心受到侵犯和伤害。冷暴力的内核是施虐者对受虐者情感上的淡漠。

受虐者或许可以否认自己被虐待，为施虐者的行为找很多借口，比如，他太累了所以脾气不好、他只是在表达他的看法等。但受虐者很难否认发生在自己身上真实的情绪反应，比如，整个人渐渐充满了困惑、难过、委屈、愤怒、压抑等。

除了情绪，从认知上来看，在健康的亲密关系中，两个人可以自然地感受爱、表达爱、接受爱，带着爱去生活、工作。但在冷暴力关系中，受虐者却需要一边痛苦一边找"爱"的证据——或是对方"爱"自己的证据，或是向对方证明自己的"爱"。

对受虐者来说，"爱"不是人生的推动力，而是唯一的救命稻草、一状宣告生死的判决书，一旦找不到对方的"爱"、一旦感觉自己不被对方"爱"，就会陷入自我怀疑，甚至走向自我伤害和自我毁灭，即使工作、友情等还在继续，也时刻笼罩着关于"爱"的阴霾。

比如，在2024年大热的电视剧《玫瑰的故事》里，刘亦菲饰演的玫瑰就遭遇了彭冠英饰演的男友庄国栋这样的冷暴力。庄国栋成功申请到去法国工作的机会，并且临走在即，却一直没有告诉玫瑰。玫瑰意外得知后，因为他的隐瞒而感到生气、痛苦，可庄国栋只有不理解和厌烦，他直接挂断了视频、把手机关了机，拒绝和玫瑰进行沟通交流。后来，庄国栋去了法国，深夜与异性在酒吧喝酒，却欺骗玫瑰自己在公司加班。玫瑰发现他撒谎后哭诉委屈，可庄国栋也只有敷衍和冷漠。

如果你在一段关系中也有刚才提到的情绪和认知反应，你并不需要分析对方做了什么，对你来说，你已经是真实的受虐者，你要理解的是自己，要照顾的也是自己。

两种具有迷惑性的冷暴力

要额外注意的是，有两种冷暴力的表现很有迷惑性。

一种是功能性职责他都做，比如家务、给钱等，但就是在情感上不回应你。他不关心你的生活和想法，你快乐、你痛苦，他都不在意，另一方面，他也不和你分享他的喜怒哀乐，聊天总是有事说事，能一分钟说完就绝不多说一秒。我有一位来访者就经历了这样的冷暴力。

来找我的时候，她正处在出轨边缘，自责又困惑，想要阻止自己。那位潜在的出轨对象对她的吸引力并不在于外表和身体，而在于精神陪伴。他们常常一起聊天，一起散步。而她的伴侣从来不跟她聊天，也从来不和她散步。

她还告诉我，最近一个周末公司举行了 5 公里徒步赛，她意外地取得了第二名的好成绩。我听到时由衷地为她高兴，她看着我的反应，先是开心又自豪，但马上又陷入了落寞，她说："你知道吗，我先生什么反应都没有，就'哦'了一声，我当时还以为我的开心是小题大做。"

她的伴侣其实就是在冷暴力，他拒绝对话、拒绝情感回应。虽然没有讲明，但他的实际行动却在表示"我对你不感兴趣"和"对我来说，你根本就不存在"。两个人之间没有爱意流动，关系死气沉沉。

亲子关系中也不乏这样没有情感回应的冷暴力。

不少家长常常一边吃苦一边诉苦，不断地向孩子释放自己的情感需求，却不顾及孩子的歉疚、无助等情绪。孩子如果因此表达痛苦，还会被指责不懂感恩。这时候，孩子越善良、越爱，就越容易放弃对自己的关心，转而努力想象、代入母父的心理世界，想要努力理解自己深爱的母父为什么这么痛苦，陷入了母父以诉苦为要挟的情感操纵中。

不同于校园暴力、职场暴力，婚恋关系和亲子关系由于功能性职责的履行，很容易让受虐者在认知上觉得关系似乎一切正常，但感受上却觉得矛盾又挣扎。于是，越来越压抑，怀疑自己的想法，否认自己的感受，最后失去自我，变成沉默不语的工具。

除了这种不带感情只是履行职责的冷暴力，另一种让人迷惑的冷暴力是讨好。

比如，你说什么他都做，还总是嘘寒问暖夸你、捧你，你怎么想也想不出他对你不好的地方。但同时，你又会觉得两个人之间隔着层东西，你们的确有很多互动，但你却越来越孤独。后来，他有时会莫名其妙发一通脾气，又或者闭口不言，你想知道他怎么了，他却尴尬地笑一笑，又回到了讨好你的状态。

讨好之所以是一种冷暴力，是因为讨好本质上是一种欺骗。讨好者隐藏了自己的需求和想法，用不真实的自我营造了一段虚假的关系。两个人因此很难有真正的交心和亲密，情感上其实也是淡漠的，关系也很难深入发展。

还是用《玫瑰的故事》做例子，剧里林更新饰演的方协文就是这样的冷暴力。

婚前，他为了接近玫瑰，对玫瑰嘘寒问暖、给玫瑰做饭、出房租。婚后，他也一度看起来事事让着玫瑰、宠着玫瑰，对玫瑰的朋友和家人也是处处迎合。用玫瑰爸爸的话来说，就是"好得不够真实"。

后来，玫瑰怀孕生女、他事业成功，他却从充满爱意地说"我养你"，变成了盛气凌人的"是我养的你"，不准玫瑰做美甲、穿裙子、去北京，还屡次破坏玫瑰的工作。很多人直到这时候才觉得方协文在精神虐待玫瑰，但其实一开始就是。

所以，你看，冷暴力并不只是简单的不理你、打压你、诋毁你、造谣你等这种明显恶劣的行为，有的冷暴力包着关于道德、为你好、爱你的糖衣，你很可能吃了好一会儿才发现其中的苦，然后对方还告诉你，他"用心良苦，你要觉得良药苦口"。

冷暴力，有什么危害？

正因为冷暴力隐秘且具有迷惑性，所以冷暴力造成伤害的过程和温水煮青蛙很像。它并不是某一次突然就摧毁了受虐者的心灵，而是一个缓慢累积的过程。当受虐者意识到冷暴力的发生和后果时，危害往往已经很严重了。

有毒的压力

对受虐者来说，长期反复的冷暴力是一种有毒的慢性压力。

压力分三种。一种是积极压力，比如重要的演讲或者约会带来的心率变快和应激激素升高，这种压力是因为有期待。一种是可以忍受的压力，比如遭遇分手以后严重的、暂时的应激反应。这种压力虽然有伤害，但支持系统可以缓解，如果我们的应对方式有建设性，还能提升自己的心理弹性。

但与前面两种压力不同，有毒的压力却是破坏性的。在这种压力下，应激反应系统会被长时间地激活，人会越来越紧张，也越来越疲惫，开始分不清楚威胁，也分不清楚善意。最终，脱敏失效，情绪反应和身体问题逐渐成为一种常态，严重的甚至会陷入重度抑郁，产生自杀倾向。冷暴力导致的压力，就属于有毒的压力这一种。

全方位的崩塌

放眼整个过程：受虐者一开始是认知被扭曲，比如觉得"是不是自己太敏感"，或者"是不是自己哪里没做好"。然后是社会支持系统被破坏，比如施虐者总是公开诋毁受虐者，阻挠受虐者从其他人际关系中获得支持；再比如受虐者一直对外倾诉或者抱怨，结果朋友们渐渐承受不住负能量，于是远离了受虐者。当认知和社会支持系统都彻底失灵，受虐者会陷入绝望，免疫系统这道生理上最后的防线也会濒临崩溃，开始失眠、胃疼、头晕，等等，越来越容易生病。

我经常听到受虐者说："这关系太窒息了，我太累了。"严重的，还会有求死的念头，比如"我真想死给他看"，或者"我真想跟他同归于尽"。这里额外插一嘴，"同归于尽"的想法反而是比较好的现象，这意味着受虐者依然有愤怒、有攻击性，是有生命力的表现，关键是要把这力量转化为更有建设性的行动。

比如，把"同归于尽"作为 10 分的目标，而 0分是"维持现状"，然后给自己设计从 1 分到 9 分的目标。如果说以前是"每个电话都接、每个微信都回"，那 1 分的目标就是"隔上几个小时或者一天再回"，再高一点的目标包括"找人教自己怎么骂回去"，等等。

总之，就是把攻击性逐级对外释放，从内耗自己、满足对方变成爱护自己、让自己略微舒服点地满足对方，最后再到彻底离开对方、专心爱自己。

长期遗留的伤害

说回冷暴力的危害。没经历过冷暴力的人可能会觉得，只要离开施虐者，一切就都好了。不是这样的。冷暴力给受虐者带来的伤害极为漫长且深刻，远不是"离开"就可以治愈的。而且，"离开"本身也远非我们想象的那样容易，因为受虐者的心理状态已经或多或少地被永久性地改变了。

首先，冷暴力会摧毁我们的自尊调节能力。前面提过，自尊本质上是一种感觉。高自尊其实并不意味着一个人每时每刻都感觉良好，而是他具有自尊调节能力，也就是能察觉自己对自我的感觉，还有相对稳定的自我评价体系。

举个例子，同样是遭遇失败，高自尊者和低自尊者其实都会失落。不一样的是，高自尊者虽然失落，但并不会认为"失败就意味着自己是个失败者、自己毫无价值"。如果有成长型思维，还会通过失落看到自己内心的渴望，在渴望中找到改变的动力。有的还会回想母父、爱人、朋友的肯定和鼓励，来安慰、激励自己。这些过程都是有自尊调节能力的表现。而低自尊的人，有的会彻底否认自己，有的会走另一个极端——认为自己极其优秀，只是怀才不遇，别人都是针对自己。

换句话说，高自尊的人会调节对自我的感受，相对客观地反思；低自尊的人只会放大内心的自卑或自大。

而长期遭遇冷暴力的人，自尊调节能力很可能已经被摧毁了。因为人要在冷暴力中存活，除了反抗，有一种方式是主动否定自己的需要和价值，来逃避期待带来的失望，长此以往就会形成自卑心理。还有一种方式是虚与委蛇，想象自己其实无所不能，只是因为道德或感情屈服，压抑了愤怒，但愤怒其实并不会消失，很可能在其他人际关系中爆发，产生情绪失控的问题。

有如我们刚才提到的，这种自大和自卑一样，都是低自尊的表现。自大也是因为自我价值感低且不稳定，无法面对真实客观的自己，所以只能靠自大的感觉来抵御内心的动荡和恐慌。

从这个角度来说，相比于自大，自卑的人其实改变的阻力更小，因为他们已经直面了内心，只是片面地注意到不足，或者放大了不足，接下来的改变只需要做加法或者减法来调整。而自大的改变阻力就大很多，需要先找回直面自己的勇气。

总之，对受虐者来说，冷暴力会降低自尊水平，还会摧毁自尊调节能力。这也是为什么大部分冷暴力的受虐者很难寻求有效的帮助——自卑的受虐者已经没勇气或想不到要求助，而自大的受虐者根本不屑于求助。

除了自尊调节能力，当施虐者一直谎话连篇，受虐者很可能会认知紊乱，感知、思维、记忆、注意、语言等都开始出现障碍。

比如，施虐者嘴上说爱你，但从言语到行为都充满了冷漠。再比如，施虐者明明违背了承诺，却说"我没说过，是你记错了"。这些矛盾又混乱的信息，会让受虐者不知该相信什么，有的甚至会怀疑自己的记忆和思维。

这个过程也叫作"煤气灯效应"。煤气灯效应指的是一种通过扭曲受害者眼中的真实来控制对方的情感操控。

它的名字来源于1944年的电影《煤气灯下》(Gaslight)。在电影中，丈夫为了谋取妻子的财产，故意将家中的煤气灯调得忽明忽暗，却坚称煤气灯没有问题，是妻子的幻觉，使得妻子逐渐怀疑自己的认知和判断能力。

前两年我有一位来访者，她的受虐影响就非常典型。在咨询中，她反复问我"我是不是情绪管理有问题""我是不是人际交往能力不好"等各种各样的自我怀疑。这些自我怀疑，都是她的伴侣灌输给她的。每当她因为遭遇冷暴力而情绪失控，伴侣就会说她情绪管理有问题。

伴侣还会找帮凶，让合作伙伴跟她说："你老公这么优秀，你能嫁给他就已经三生有幸了。""他在外面有别的女人说明他有魅力，你应该开心。""你看你这样，他都没跟你离婚，他已经很包容你了，你要感恩。"

这样的帮凶和说教发生过很多次，有时候她一听就哭，有时候她会争执。而一旦发生争执，她的伴侣就会借此说她人际交往能力不好。

在咨询过程中，我一直在告诉她其实她很好，所谓的"情绪失控"，意味着她的自我意识和权益意识还在正常运行，争执也是因为察觉到对方正在侵略自己的个人边界，是正当的自我维护。

但即使我有理有据地说了，她还是会反复问我。经过了漫长的咨询后，她终于能做到自我认可了。

当我们回顾整个咨询过程时，她说："其实我每次听的时候都相信你的回答，但我还是想听你一遍又一遍地告诉我，这让我感到安心。而且每次咨询完，当我先生又这么说我，或者当我想起过去的事时，我就会忍不住怀疑你会不会只是安慰我、鼓励我。直到我观察到你也会指出我的不足，我才渐渐确信，你夸我的也是你真实的看法。"

你看，冷暴力的危害就和我们前面几讲提到的创伤影响一样，不是一朝一夕促成的，也不是一朝一夕就能改变的，哪怕离开关系，在彻底治愈之前，创伤也会一直隐隐作痛，影响受虐者生活的方方面面。

冷暴力，为何会发生？

冷暴力既然会导致这么多的伤害，那么实施冷暴力的人究竟是怎么想的？他们难道天生就带着恶意吗？这个问题也是很多受虐者在意的问题，因为他们既想知道施虐者对自己究竟有没有爱、是不是故意的，也想通过了解施虐者的想法来试图改变施虐者。

非恶意动机：一种自动反应

我们先来看相对没太多恶意动机的冷暴力，他们的冷暴力在很大程度上是一种自动反应。

这种自动反应经常发生在冲突时，当一方批评、指责或者带有消极情绪地说些什么，另一方突然就变了个人似的，或者是暴怒般地猛烈回击，行为、语言混乱——比如，不久前还在感慨"亲爱的，你对我真好"，冲突时突然对你和感情都全盘否定；或者是一动不动，闭口不言，陷入木僵状态。

这是因为冲突对他们来说，意味着精神生命在遭遇威胁、爱在消失，所以一旦发生冲突，他们整个人都在被恐惧、失望、无助和攻击性等情绪轰炸。如果情绪可以说话，就是"你不爱我，你是个骗子，我恨你，我希望你去死"，或者是"你不爱我，我的存在没有意义，我恨我自己，我想去死"。

这两句话不一定是对眼前的人说的，很有可能是他心里那个饱受创伤的自己对曾经给他带来创伤的人说的。

比如，小时候爸爸酗酒后经常和妈妈一言不合就吵架，甚至动手打妈妈，激烈时连他一起打。爸爸毫无悔改，妈妈又沉浸在委屈和怨恨中，他又害怕又恨又心疼，觉得自己是妈妈的累赘，存在毫无价值，也毫无意义。委屈无助的时候，明明只是想和妈妈或爸爸好好沟通一下，却遭遇爸爸的指责、妈妈的哭诉。

这样的情感创伤一直遗留在他的身体、大脑和心理中，没有被治愈。长大后，一旦遇到人际关系上的冲突，伤口就会被揭开，导致创伤应激反应。假如他还持有我们之前提过的固定型思维，面对伴侣的批评或指责这样的冲突，这种创伤应激反应就会更强烈。

那么，这样的创伤应激反应，为何会演变成亲密关系中反复的精神虐待呢？

当施虐者反击或者木僵时，内心其实很恐惧。但当他们发现，自己只要表现出反击或者木僵，伴侣不仅会放过他们，还会表达对他们的爱和需要，这时候，不仅恐惧会被缓解，还多了感受到被爱、被需要的欣喜——这对他们的冷暴力是一种行为上的强化。这种内在情绪和外在关系互动的变化很容易让施虐者不自觉地重复这种行为模式，放任自己的反击或者木僵。总之，对施虐者来说，"受虐者不离开"是一种正面反馈，会不断维持并且反复强化施虐者的冷暴力行为。

不过，话说回来，他们的行为表现的确是冷暴力，但内核却是一种过度防卫，是内心脆弱的反映。另外，创伤没有被激发时，他们可能是还不错的爱人或家长。于是这也就让受虐者更加矛盾、更加挣扎。看到施虐者的伤口会心疼，不忍心离开，但施虐者的行为也的确伤害了自己。更糟糕的是，冲突背后的问题一直得不到解决，关系质量就提升不了。最后，冲突越来越频繁，积怨也越来越深，爱也就被消磨了。

这个过程，我的来访者中有人经历了十几年。

作为受虐者的她，从一开始的温柔、期待变成了暴躁、怨恨，甚至动手打对方，语言也越来越激烈。因为她实在没办法了，她只是想要对方面对问题正面回应。使用暴力的时候，她一边厌恶这样的自己，一边也心疼作为施虐者的对方——她知道伴侣既是冷暴力的施虐者，也是原生家庭中亲子关系冷暴力的受虐者。同时，她也越来越怨恨对方——明明造成问题和伤害结果的不是她，明明她才是一直在爱他、关心他、为他着想的那个人，他却把所有的负面情绪和伤害行为都施加到了她身上。

后来，她明白了，从某个角度来说，这是一种亲密关系相处方式的代际传递。在母父的言

传身教下，伴侣无意识学习模仿了那些相处方式，
更关键的问题是，伴侣没有主动重新学习的意识，
更没有努力练习掌握健康的相处方式。另一方面，
冷暴力是伴侣情绪化的自动反应，伴侣把成长过
程中压抑积累的愤怒、失望等负面情绪都投射和
释放到了让自己感觉安全的对象身上，在觉察和
改变之前，他根本控制不住这种自动反应。

她终于意识到，作为受虐者和施虐者的他
的确是煎熬的，但自己更煎熬，因为看起来是两
个人在相处，实际上，她一直在和对方整个家庭
甚至整个家族的创伤在相处。她也终于明白了，
一个人努力没用，哪怕沟通能力再完美，对对方
来说也还是刺痛。对方必须自己去疗愈创伤，这
是对方的课题。如果对方始终不努力，那作为受
虐者的她，就要为自己或孩子的身心健康慎重地
考虑离开，这才是自己的课题，也是对自己来说
更重要的课题。

恶意动机：失控的嫉妒

现在，我们再来看看具有恶意动机的冷暴力。

我就不展开讲述那些损人利己的冷暴力了。比如，
我有一些来访者长期给妈爸或者伴侣近乎免费工作，
工作成果明明很好，但他们的妈爸或伴侣还一直挑刺，

说:"也就我会容忍你,你在别的地方根本干不下去。"这种冷暴力的动机很明确,即用打压来阻止受虐者反抗或者离开,便于继续操控和剥削受虐者。

总之,当你在一段关系里不舒服,怀疑自己经受了冷暴力,一定要时不时地问问自己:"对方因此获得了什么好处?"这答案里就藏着施虐者损人利己的动机。

下面我们主要来聊聊乍一看损人不利己的冷暴力。

前面两讲提到,性别偏见和权力不平等会让爱消失,甚至让人一开始就没有爱的能力和意愿,这背后是优越感在作祟。冷暴力也是这样。在一些满含说教和打压的冷暴力中,施虐者其实是在喂养自己的优越感。尤其当受虐者身上有令施虐者嫉妒的地方时,施虐者潜在的自卑会被激发,冷暴力就会更猖狂。

这种嫉妒导致的冷暴力在亲子关系中也会发生。由于女性常常是社会和亲密关系中被打压、被利用、被委屈的一方,再加上一些女性在还没做好当家长的准备时就生了孩子。当原生家庭不爱她,伴侣也不爱她,她的愿望和怨恨也没放下时,就很容易一边爱一边嫉妒自己的孩子,尤其是同性别的女儿。当女儿获得了奶奶爷爷、外婆外公和爸爸的爱(哪怕只是表面上的),这种嫉妒就会更强烈。

在美剧《老友记》里,莫妮卡和她的母亲就是这样的关系。母亲经常苛刻地评价她的外表——衣服不好看、发型太丑，知道她渴望婚姻，却在朋友的婚礼上对她说她没有这样的机会，暗示她根本嫁不出去，甚至还用莫妮卡造了个惯用语——"像莫妮卡一样搞砸"，全方位地打压莫妮卡。这么做看起来并没有好处，但对莫妮卡的母亲来说，只有这样，她才能转移并发泄自己的嫉妒和嫉妒背后的恨意。

另外，受性别偏见的文化影响，这种施虐者利用受虐者提高自尊的冷暴力在两性之间会更容易发生。随着两性间权力的失衡，冷暴力也会更猖狂，甚至升级为家暴。这也是上一讲提到的补偿性控制理论所说的内容，有兴趣的朋友可以再回去看一下。

除了嫉妒受虐者本身，有的施虐者有时还会嫉妒受虐者的快乐，破坏受虐者的快乐时刻。他们的内心独白是："我不快乐，你凭什么快乐？"我有好些作为冷暴力受虐者的来访者提过，在他们的记忆里，就没有一次快乐和平的节假日，生日也总是充满意外、争吵或诉苦。

这种对快乐的嫉妒甚至还会发生在人对动物身上。一次聚会，店主家有只小猫在玩耍，好些顾客都在感叹"小猫好可爱"。突然，我听到一位年轻人轻声又充满怨念地念叨了一句："为什么一只猫都可以这么快乐？"当时我就有点毛骨悚然，因为我自己也有小猫，我想到生活中那些虐待小动物的人，背后可能也有着难以自控的嫉妒和怨恨。

养成的冷暴力：一种互动模式

上面提到的这些冷暴力，很大程度上是施虐者的个人行为，跟受虐者是什么样的人几乎没关系。但有一种冷暴力，某种程度上是双方互动的结果。

举个例子，女生发现男生背着自己跟别人暧昧。本来在激烈争吵，男方觉得烦，突然就和她断联了。这时候，女生渐渐从愤怒变成了恐慌，怕男生再也不理自己了，话语也从指责变成了讨好。如果男生多说几句"你看，我就是觉得跟你不好沟通，才和别人聊聊天开心一下的，我从来没想过离开你，你一直像现在这样乖，多好"，女生很可能会因此陷入自责和更多的认知紊乱。

这样的过程反复几次，关系就会变成我们前面提过的权力不平等，冷暴力也会加剧。因为对施虐者来说，这省力也管用——只要自己冷暴力，不仅指责消失了，还能借此控制伴侣。女生也就这样成了冷暴力的受虐者，彻底陷入了温水煮青蛙一般的境地中。

当冷暴力在一段关系中反复出现，施虐者会丧失爱对方的意识和能力，受虐者会丧失被爱和爱自己的机会和能力，关系里的爱当然也就消失了。所以，就如我们一开始说的，冷暴力是不爱了的表现，也是爱的刽子手。

遭遇冷暴力，该怎么办？

假如施虐者冷暴力的动机是恶意的，对受虐者来说，需要离开，但在心理上要戒断对施虐者的依赖并不容易。而假如施虐者没有恶意动机，那冷暴力也在事与愿违地同时伤害两个人。如果还珍惜这段感情，也需要尽早停止这种恶性循环。

那么，要如何戒断依赖、如何停止恶性循环呢？接下来，我们来概要性地聊聊。

第一步：勇敢直面

当你隐约感觉或者确认自己经受了冷暴力，或者不自觉在对他人冷暴力，第一步还是要更全面地认识到自己经历了什么。比如，可以在社交媒体上搜索查看别人的案例故事，还可以看一些冷暴力主题的文学、影视剧和科普类书籍。尤其是科普类书籍，书中通常会有更全面的案例和细节，还有改变需要的具体行动方案。

在我的来访者中，有一些看完书后震惊到不敢相信，既不敢相信对方居然对自己这么恶劣，也不敢相信自己竟然默默承受甚至推波助澜了这么久。还有一些会陷入深深的后悔，后悔自己没有一开始就看清楚对方、看清楚发生了什么，后悔浪费了人生，还给自己和其他人造成了难以挽回的伤害。

虽然震惊和后悔会带来新的痛苦，冲击你对人性和爱的信念，摧毁你对过往的理解、对未来的打算，陷入恐慌、抑郁或愤怒之中。但你要相信，只要经受住这些情绪上的煎熬，用好新的认知和支持系统，不仅能疗愈，还能涅槃重生，变得更强大。

第二步：寻找支持系统

第二步要紧随着第一步同时展开——找到能安抚你情绪、让你感到安全和自信的支持系统。

可以是书、电影、音乐，不过最好是具体的人。因为长期的人际互动造成的伤害，靠自己一个人疗愈会比较难，需要好的人际关系像镜子和放大镜一样，让你重新认识自己、重新体验人际交往积极健康的样子。

比如，对方发自内心地欣赏你，时不时就会表达对你有哪些欣赏。即使有时你失态了，对方也并不会嫌弃指责，反而会安慰你、用幽默消除你的尴尬。更重要的是，对方的确相信你，相信你有改变的意愿和能力，也相信你有自己的选择和节奏，会关注你、鼓励你，但不会催促你、替你做选择。

这个过程好比擦除旧的运行程序，写入新的运行程序，一次次用温柔、善意和坚定消除冷暴力给你留下的自责、自我怀疑和各种无助、恐慌与痛苦等，也一次次引导你用自我关怀的态度和优势视角来看待自己，发现自己改变的资源和能力，建立新的自我认知和行动模式，也建立新的人际关系体验和互动模式。

当然，这样的人很难得，咨询师要做的也是这样的角色。

第三步：思考和行动

相比于思考对方和冷暴力，更重要的是思考自己。

冷暴力的发生其实是每个人检验自己的一个机会，就像法国心理咨询师玛丽-弗朗斯·伊里戈扬（Marie-France Hirigoyen）在其著作《冷暴力》（*Le harcèlement moral*）中提到的那样："人要懂得自身权益才能有效维权，同时，一个人必须心理健全才能保护自己，不在冷暴力中处于劣势。"

关于权益，对每个人来说，无论你有没有经受冷暴力，日常都要时不时地问问自己：我生而为人的权益是什么？我在这段关系里的权益是什么？我有没有获得我的权益？我可以怎么争取这些权益？如果争取不到，我要做什么样的决策？

而关于心理健全，背后其实有这样一个问题：什么样的人容易陷在冷暴力中？答案其实并不是心理脆弱的人，而是共情能力强、以忠诚为价值观、习惯向内归因、指责自己、对外却攻击性弱的人。

这样的人在遭遇冷暴力、在饱受精神虐待时，不仅不驱赶对方、感受自己的痛苦、修护自己的心灵，反而会关切施虐者，试图走进施虐者的内心世界，试图消除他的误会和痛苦、修护他的心灵。一开始，受虐者或许还有相对强大的心理能量这么做，但长期经受冷暴力的受虐者，整个心灵好比不断被针刺、被鞭打、被溺水、被火烤、被坠落、被车碾压。

所以，我想和正在阅读这本书的你说：在一段关系中，永远不要忽视自己的感受和权益。只要感受不好、权益被侵害，相比于自责、内归因自己哪里没做好，不如直接指出对方错在哪儿、你想要对方怎么做。哪怕言辞激烈也没有关系，好的爱和关系本来就能容纳攻击性。

尤其是在亲子关系中，允许孩子恨自己，是家长给孩子最伟大的爱。就像心理学家阿德勒（Alfred Adler）说的那样："孩子所有的行为都是在追求归属感与价值感。"当孩子表达恨意时，其实是在呼唤理解和关注。这个时候，母父的爱就是那座跨越鸿沟的桥梁，连接着彼此的心灵。好的婚恋关系也是这样。

相比于"智者不入爱河"，我更主张"智者不立危墙之下"。成年人的爱情，筛选比改变更重要——发现对方有冷暴力时，不要高估对方的感情和爱的能力，也不要高估自己的承受力、试图改变对方和关系。在这种时候，远离才是第一选项。因为关系是双人舞，当对方不是好的舞伴，也不学习如何与你共舞，你一个人再怎么完美也跳不好这场舞。

最后，爱这件事一定要看行动。

当冷暴力反复发生，不管施虐者的动机和理由如何，从行动上来看，就是"不爱了"。这个时候，我们要自己行动起来爱自己。至少先做到我们之前提过的课题分离，分辨哪些是对方的课题，哪些是自己的课题，专注做好自己的课题。善良的共情和爱的行动，要先给自己，然后再给合适的、值得的舞伴——当共舞并不能让你获得健康、平静、幸福或者其他你在意的时，停止共舞，更换舞伴，一人独舞，甚至离开舞场去往其他广阔天地等都是我们可以采取的爱自己的行动。

05

人性矛盾

爱、欲望与自我，是什么诱惑我们出轨？

出轨，看起来似乎是更明显的"不爱了"的表现，有时，也是造成一段亲密关系走向"不爱了"的原因。

对于出轨，大众经常是怎么看的呢？无论是在新闻、影视剧中，还是在身边，我们看到的有关各种出轨事件的评论，很多是道德批判，比如"出轨者就是道德败坏、就是缺乏责任感、就是自私自利"，还有一些会说"出轨者就是对原配不爱了"。然后，更多的人对爱、对人性又多了些恐慌和绝望，对男人、对婚恋不敢爱也不想爱了。

我在自序中提到过，我经历过前任临近结婚时的断崖式出轨，也经历过第三者言语上的人身攻击。作为一名心理咨询师，虽然我当时已经遇到过并且帮助过很多被出轨的来访者，但是直到亲身经历，我才更懂其中的恐怖和凶险。

恐怖的地方在于，你不知道该信任什么了，所有的过去叠加"出轨"这个事实以后，开始变得清晰可见却又扑朔迷离。凶险的地方在于，生活并不会因此停下，在情绪和理性都接近崩塌的情况下，你依然要做各种选择，而这些选择会影响你的未来。

幸运的是，在专业知识、个人信念和家人朋友的帮助下，我走出来了，还出了一门十几万字的音频节目《出轨心理学》，从出轨者个人心理、他所在的环境以及两个人的关系这三个维度分析了出轨为什么会发生，出轨者在寻求什么，被出轨者又因此经历了什么，该怎么做决定、怎么修复自我或关系，等等，希望能够帮助到那些遭遇出轨的人们。

现在，我也是抱着同样的想法来和大家分享这一讲。不过，因为篇幅有限，这一讲我会聚焦在这样一个问题上：为什么明明当初是爱的，明明两个人道德感也都不错，但出轨还是发生了？我也会简要地分享：作为被出轨的这一方，如何才能做出合适的选择，又可以怎样修复自我、重建生活？

出轨，开始变得"流行"？

出轨这种现象正在越来越常见。根据前面提到的人大社会学系教授潘绥铭的调查，在我国已婚和同居的人中，2015 年，男性的出轨率就已经达到 34.8%。随着网络和市场发展，现在只会升、不会降。之前甚至出现过某个母婴平台利用大数据，精准地给准爸爸们推送色情服务广告，激发他们的色欲和情欲，诱使他们出轨，刺激他们消费，平台便得以从中获取利益。

色欲和情欲始终是强有力的消费动力。一来，色欲和情欲最接近本能和本我，让人忘记现实，直接感受最纯粹的冲动、存在感和价值感。二来，大脑在这些刺激下会分泌大量的多巴胺，多巴胺本身其实并不会让人快乐，而是会让人追求大脑想象中的快乐，甚至失去理性。

因此，那些通过激发色欲和情欲来攫取利益的诱惑，很容易让人忘记现实境况，沉溺于本我的欲望。同时，这些诱惑的推送机制和运作机制又十分简单直接，容易让人产生"我只要伸伸手就能拥有"的错觉。于是，感官上的刺激，叠加"我可以得到"的想法，会促使大脑分泌大量的多巴胺，让人失去理性，不看利弊、不顾风险、不管未来，完全沉浸在"我得到了就会很爽"这一幻想的冲动中。

不过，与其说他们是被多巴胺驱动的，不如说他们是被多巴胺挟持了。人们之所以会对色情服务、出轨行为上瘾，有时候并不是因为这件事情本身有多美妙，而是因为多巴胺让人抓心挠肝，不去做就浑身不舒服，去做了才能轻松。这一过程不一定是快乐的增加，也可能是痛苦的释放。

除了这样的诱惑，频发的名人出轨、激增的生活压力、"不被爱才是第三者"这种用"感情"掩盖"违约"这一行为本质的诡辩，等等，也都在对感情关系内外狙击。

出轨，就是不爱了吗？

那么，出轨就是"不爱了"吗？其实不一定。

出轨的推动力是人的各种需求，这些需求与爱有时候并不互相排斥。因为爱是一种情感，而人有多重角色下的各种需求，情感本身并不能满足一个人的所有需求。而且，需求满足需要靠行动，而行动又需要能力和机会。就好比哪怕对我们自己来说，即使我们爱自己，依然会有伤害自己、欺骗自己、背叛自己的时候。

那么怎么找以及为什么要找推动出轨的需求呢？

在咨询中，我经常会和来访者一起，从生理、心理、情感和现实这四个系统中找推动出轨的各种需求。

这一方面能减少一部分被出轨者对自己的自责——觉得是自己不够好，才导致对方的出轨。另一方面，这能帮助我们判断两个问题：一个是出轨者和第三者断得了吗？另一个是就算这次断了，以后还会换对象出轨吗？判断好这两个问题，我们才能更理性地决定要不要原谅对方、要不要继续这段关系，也才能更清楚地明白，如果要继续的话又该怎么继续。

要注意的是，我们谈论出轨行为背后的需求并不是在为出轨者找借口，是为了决策，也是为了更好地管理和引导行为。

我在咨询中经常发现，很多被出轨者一直在期盼出轨者能负起责任来，或者是变得忠诚，成为一个好伴侣、好家长；或者是即使分开，也能真心道歉并为此做出补偿。但是，负责是一种态度，更是一种能力。

比如，当我提到有一些出轨者被多巴胺挟持了，其实是在表达这一部分人可能缺少主观上为自身行为负责的自由意志和行为能力。他们的行为背后只是本能、情绪化和从众等，更严重的情况是，他们可能缺少履行自由意志来为自己和他人负责的行为能力——缺乏稳定的价值观，缺少独立思考的能力，也缺少情绪和压力管理等能力。

所以，当我们期盼出轨者能负责的时候，既要观察态度，也要观察能力。尤其是当一个人明明痛苦、明明知道也懊恼自己正在造成巨大的伤害和损失却停不下来的时候，这已经是一种失控。失控的背后可能有"被多巴胺挟持"这样的生理性失控（毒品的上瘾机制也涉及大脑中各种神经递质的失控），也可能是被逃避、被忽视、被误解或者不知该如何应对的各种心理需求。在没有发现并直面需求、找到健康的满足方式之前，出轨者即使有意改变或负责，也可能还是做不到。

出轨，是在寻求自我存在感？

现在，我们来看几个真实的例子。

A 先生的性癖好比较特别，头戴女伴的内裤进行性生活会让他格外兴奋和满足。但他不敢对伴侣坦诚这一点，怕伴侣觉得自己不正常。于是，他便在出轨中满足自己。

B 女士今年四十多岁，二三十岁的时候，她是个大美女，经常有异性的殷勤和同性的羡慕嫉妒。后来她结了婚、有了孩子、美貌也不似从前，以前的殷勤、羡慕和嫉妒现在几乎都没有了。前段时间，她有了一个新的下属，年轻又帅气，看她的眼神还带着点暧昧。一来二去，两个人在一起了。B 女士虽然明白下属有别的心思，但她放不下，因为情欲让她可以不为年龄难过，感觉自己依然有魅力，工作也多了些乐趣，和丈夫、孩子的家庭生活也没那么喘不过气了。

其实，不少人会在出轨中找自己的性魅力。有一种判断伴侣是不是出轨了的方法，就是观察他有没有突然开始健身、开始打扮自己。虽然体检报告的异常值、身边人的重病或死亡也会让人突然开始健身，但情绪状态不一样，出轨是兴奋和期待更多，后者是压力和恐惧更多。

还有不少人会在出轨中找存在感，这点在女性身上可能会更多一些。因为一些女性从小就被忽视、被利用，在还不懂婚姻和人性的时候就结了婚、生了孩子，成了家庭的工具人。这个时候，出轨是为数不多的可以获得关注的方式。在出轨关系里，她们做主角，感受自己是特别的。当然，男性也会在出轨中找存在感，但更多的可能是在找"优越感"和"掌控感"，填补自己在婚恋或事业中的求而不得或欲求不满。

另外，很多人可能听过"七年之痒"，为什么长期关系这么难？或者说为什么明明曾经也很相爱，时间久了却变了呢？这背后可能是"单一角色陷阱"，就是相处久了只把对方或自己当丈夫或者妻子、当爸爸或者妈妈。人在关系里做不了完整的自己，便可能通过出轨来寻找缺失的自我。

感受性刺激，寻找性魅力、存在感和自我，都是常见的推动出轨的生理和心理需求。这些需求可能是从小就没有被满足的，也可能是随着年龄的增长新出现的。对我们来讲，如果想要减少遭遇出轨的概率，要尽可能建立一个"锦上添花"的爱情关系，因为这意味着彼此在相遇之前就有不错的满足需求的方式，在一起以后便可以更专注地应对新的需求。

另外，生理需求和心理需求都关乎自己，出轨和出轨对象只是满足需求的方式和客体，爱的成分比较有限，第三者也相对容易被替代。当激情退去，出轨关系可能就会松动，出轨者重新变得"忠诚"，让被出轨方误以为爱回来了，或者出轨者幡然悔悟了。但实际上，只要需求依然强烈地存在着、依然没有建立好的满足方式，出轨者很可能会再次出轨。

换句话说，在出轨这件事情上，并不是"结束了这次出轨"或者"赶走了第三者"就解决了问题，真正的问题始终在出轨者自己身上，他需要认识自己的需求，找到满足自己需求的方式，培养管理需求的意识和能力。

爱必然与独占、嫉妒挂钩吗？

那么，有没有既爱原来的伴侣，又对出轨对象有情感联结和情感需求的呢？也有。

我在咨询中经常会询问出轨者对出轨对象的了解，观察他和出轨对象有没有情感上的共鸣和联结。如果他对出轨对象的描述并不只是泛泛而谈，那很可能确实已经有了感情。

我有过这样一位来访，我们在这里称他为 C 先生。

C 先生结婚生女后才发现妻子有轻微的精神分裂，他被妻子和妻子的家人隐瞒了。糟糕的是，孩子还有自闭症，妻子和孩子都没法和他有深刻的情感交流。

在各种需求的驱动下，他"网聊"了一位姑娘，一开始只是闲聊和发生性行为，姑娘让他感受到了在妻子那里未被满足的性魅力。但后来有了感情，并且感情逐渐加深，因为他发现姑娘的弟弟也有自闭症，相似的处境让他们产生了情感共鸣、建立了情感联结。

于是，这场婚外性演变成了婚外情，但他坚定地不离婚，他想同时给她们一个依靠、一个家。

在这个案例中，C 先生关心、在乎妻子和孩子，同时又依恋与自己有着深刻情感共鸣的姑娘。这是爱吗？人可以同时爱两个人吗？我其实不确定。但在这段关系中，出轨对象毫无疑问并不是可有可无、能被替代的工具，他真切地希望对方能过得更好，但他也确实没法给对方唯一的忠诚以及法律意义上的婚姻关系。

在类似的案例中，我也接触过性别调换以及原配或第三者角色的来访者，他们都非常痛苦。但是，在这个世界的一些角落，和他们处境相似的人，是不是也有幸福且和谐共处的呢？毕竟前来咨询的大多是对现状不满的、痛苦的。这可能关乎一个更本质的问题，那就是：爱必然会与独占、嫉妒挂钩吗？我没法给出标准答案，但我想，我们需要看到更多的故事，看到更多的可能，来细细地观察、分析和探讨。

更严峻、复杂的社会系统问题

最后，我们来简单说说推动出轨的现实系统中的需求。

比如职业发展，再比如一度在媒体上争议很大的"家长为了给孩子争取入学机会和学校的教导主任出轨"等，这些出轨都是为了处理现实问题。

不过，在这样的公共领域中，相比于出轨这件事情本身，上位者滥用权力、制度缺少约束是更严峻的问题，这些是另一个议题了，在这里我们不再展开论述。

出轨之外，别无他法了吗？

为了便于大家理解，我刚刚分门别类地介绍了出轨背后的各种需求。但要注意的是，大部分出轨并不只是由一种需求推动的，往往会同时涉及多个系统的需求。

比如，妻子丁克，丈夫出轨，找年轻漂亮的第三者生孩子。生理上在追求性，心理上在追求自我价值感、人生的"完整"、对自己母父的交代等，现实上在追求安全、性价比和后顾无忧——因为一来找代孕不合法、成本也挺高，二来代孕不负责养育孩子，而第三者和她的母父可以负责这一点。

人的需求是复杂的，一位伴侣、一段关系确实没法满足一个人的所有需求，人不是万能的。有很多出轨者之所以选择出轨，也是因为他想要追求"既要也要"的满足。那么，该怎么办呢？面对个体的局限，面对复杂的需求，除了出轨之外，我们真的就别无他法了吗？这个问题其实也没有标准答案。但我想，所有正处在长期关系中的人，或者想要经营好长期关系的人，都应该坦诚地、认真地聊聊这个话题。

开放关系也有满足不了的需求？

这个时候，互相坦承各自的身心需求，在双方知情同意的前提下建立开放关系，看起来是一种可能的方式。

不过，即使是开放关系，也还是会有满足不了的需求。为什么呢？

在回答这个问题之前，我们先来聊聊一个对大家来说或许并不陌生的问题：性和爱，可以分离吗？这也是来找我咨询的来访者常常会提出的问题。说实话，这个问题的答案因人而异，有的人是性和爱必须一体，有的人是可以分离，还有的人是必须分离。

爱其实会给性生活带来挑战，因为爱是看向对方、满足对方，而性要看向自己、取悦自己。亲密关系也会给性生活带来挑战，因为亲密关系是多重角色的互动，彼此的尊重、欣赏、压力和内疚等都会影响性欲，而性则要放下所有身份角色的限制，听从最原始的欲望。当两个人性欲的节奏和性癖好不一样的时候，这种挑战会更大。

对于长期关系来说，多重角色也会给"性生活"带来挑战。有时候，当一个人突然看到伴侣刚淋浴完或者走出健身房的时候，会想："天啊，他可真吸引人！"但是，当他一想到这是自己的伴侣、是孩子的爸爸或妈妈，他就觉得对方没有那样的吸引力了。附加在对方身上的"伴侣"和"家长"等角色，唤起了他更多的情绪和记忆，也限制了他的欲望。

这也是为什么一些人或许是爱伴侣的，但又深深迷恋出轨中的性。因为他只能在出轨中单纯地做一个女人或者男人，也把对方单纯地当作一个性对象，专注又自私地满足自己。

这一点在购买性服务上会更明显，交易关系会给人带来额外的安全感和满足感。安全感在于他不必担心对方会拒绝，也不必担心对方想要更多。我在咨询中也听过不少来访者说："我花钱买的其实是效率和自由，我想来就来，想走就走。"满足感在于无论自己怎么做，对方都会做出积极的回应，让他感受到自己的性魅力。

而且，出轨中的性还有一个特殊点。因为文化或者性教育的影响，对一些人来说，性是一种禁忌，同时对道德来说，出轨也是一种禁忌，于是出轨对他们来说就成了一种突破规则的双重禁忌，这带来了额外的刺激感和优越感。

一个人的生活中有越多他不情愿的约束和妥协，他就越有可能在一些地方找放纵，试图凌驾于规则之上，做别人不敢做、不能做的事来释放内心的压抑。也就是说，有些出轨者想要的其实并不一定是性，而是秘密地突破规则。这也是为什么哪怕是开放关系，允许双方有关系外的感情和性，有些人还是会隐瞒伴侣去出轨。

死亡焦虑，也会带来性欲望？

另外，人在面临死亡焦虑时也会涌起更强烈的性欲望。

我曾经有个来访者就是这样。他经历了孩子的死亡，在和伴侣度过艰难的时期后，他们的性生活出现了难以调和的障碍。伴侣还在抑郁，对性失去了兴趣，他本人的性冲动却越来越强烈，但是也仅限于面对其他人。面对伴侣时，他涌起的更多是悲伤、心疼等复杂情绪。他说："我觉得自己是个怪物，我已经不知道该怎么生活，怎么看待自己了。"

我还有过另外一位来访者，她是被出轨的一方，他们也经历了孩子的死亡。一段时间后，她发现丈夫出轨了，甚至还和出轨对象一起去孩子的墓地祭拜。她一度完全没法理解丈夫为什么这么做，她觉得丈夫同时背叛了她和死去的孩子。

为什么会这样呢？可能是因为死亡激发了繁衍的本能，也可能是因为死亡让人想要体验强烈的存在感或归属感，而性是实现繁衍、体验存在感和归属感最直接的方式之一。这也就是为什么一些人经历了他人的死亡后，哪怕在情绪上是悲伤的，却又有难以抑制的性冲动。

我提到的这种种情形，没经历过的人可能很难想象，经历过的人也不一定能意识到背后复杂的需求。总之，出轨并不一定就是不爱了，也不只是道德问题。我们只有先跳出简单归因和道德指责，才能看到出轨背后的"为什么"，才能找到发生以后的"怎么办"，也才能减少在各种指责上的损耗，把精力放在解决问题上，把注意力放在未来的路要怎么走上。

为什么不怕背叛才能收获平等和忠诚?

在亲密关系中，除了个人需求会推动出轨，一些关系相处的方式也会。

现在，借"为什么不怕背叛才能收获平等和忠诚"这个问题，我们从关系相处的角度来进一步聊聊出轨发生的原因。

权力问题：一切还要从权力说起

第三讲讲到权力时，我们提过，你必须不怕离开对方、不怕失去这段婚恋关系，你才能拥有平等的感情关系。在出轨这件事上也是一样，你不怕对方背叛、不怕背叛导致的最坏的结果，你才能拥有平等的感情关系。如果你怕，那关系很可能会不知不觉变成权力取向，出轨以及各种背叛就会更容易发生。更糟糕的是，当出轨发生，你虽然不情愿却只能退让忍耐时，这既是权力不平等的加剧，也是对自身自尊的一次重创。

我们在第三讲已经分别从政治学和心理学两个视角对此进行了解读，这里不再赘述。

注意偏差：只看见了糟糕的那一面?

除了权力问题，怕背叛还容易导致选择性注意和信息误读，这在本身是焦虑型依恋类型的人身上会更明显。

在亲密关系中，一个人越担心、越害怕对方不爱自己、对方会离开自己，就会越关注爱和不爱的证据，也就会越放大不爱了的威胁程度。比如，伴侣可能有工作上的烦心事，聊天有点心不在焉，就担心对方厌倦了、不爱了。

不过，换个角度来讲，这本身也是焦虑型依恋的优势，如果能用好这份敏感，在行动上更理性，其实反而能够更早地处理问题，抢得先机。比如在上面的例子里，发现对方心不在焉，自己虽然焦虑，但还是平静地问问对方今天过得怎么样，或许能更早地发现伴侣的工作压力，然后给予互相支持。

除了焦虑型依恋，低自尊的人也容易发生负面注意和信息误读，而且可能会更严重，甚至会无中生有、攻击对方。比如伴侣说"你如果太累了，就干脆辞职休息一下吧"，这其实是在表达关心，但低自尊的人却可能解读为"你说我没能力干好这工作，你看不起我"。

当负面注意和信息误读反复发生，两个人都不开心，关系质量不好，那么关系破裂或任意一方出轨发生的概率也会提高。

安全基地：永远填不满的安全感？

上面提到的焦虑型依恋，来自依恋理论。依恋理论认为，人在亲密关系中主要有四种表现风格，分别是：安全型依恋、焦虑型依恋、回避型依恋和混乱型依恋。

安全型依恋的人最有安全感，能自在地进行爱的互动，相信对方是爱自己的。但焦虑型依恋的人很有可能每时每刻都在观察对方爱不爱自己，想要一直粘在一起。回避型依恋的人其实也会怀疑对方的爱，但回避型依恋会表现得很疏离，排斥身体和情感上的亲密互动。而混乱型依恋则混合了焦虑型依恋和回避型依恋，既焦虑对方是否爱自己、想要和对方每时每刻在一起，又会抗拒亲密的接触、表现出冷漠的态度。

依恋理论有一个核心的观点是，好的依恋关系是安全基地，一个人有安全基地才有心力去探索更大的世界。用专业术语描述这种情况就是"亲密悖论"：好的亲密会让人更独立；反过来，好的独立也会让人拥有更好的亲密。

所以，对出轨这个议题，我们往深一点说，"不怕背叛"指的是不依赖对方和这段关系，自己就有这样的安全基地。这个安全基地或者来自原生家庭和其他重要的关系，或者就来自爱自己。有安全基地的人，在亲密关系里才能既独立又依赖，对生活和两个人的各种变化也都能保持积极的探索。

而当一个人没有安全基地，就容易过度依赖或者过度独立，具体表现是焦虑型依恋、回避型依恋或者混合型依恋。其中，焦虑型依恋可能会因为在一段关系中找不到被爱的证据，又恐惧失去被爱的机会，于是通过出轨来填补内心的空缺，在出轨关系中进一步寻找爱的安全基地。

在电视剧《半熟男女》里，田曦薇饰演的何知南就是这种情况。她把恋爱看作生命中最重要的事情，经常需要男友哄她。如果男友没有及时回复消息，她就会担心爱在消失。后来，她偶然发现，原来男友当初并不是喜欢自己，而是给很多女生都发出了旅游邀请，只有她答应了，她便更焦虑了。她询问男友记不记得她在意的那些甜蜜过去，结果男友完全不记得。

在这一冲击下，她和主动接近她、记得她喜好的同事出轨了。何知南一度很享受被两个人同时追逐的感觉，这让她觉得自己是重要的主角。这种对被爱、被关注、被追逐的渴求背后，其实是对归属感、存在感和价值感的寻求，这也是安全基地的本质。当原有的关系给不了，她就可能不由自主地在出轨中寻找。

而回避型依恋的人，很可能因为一边抗拒原有关系的深度发展，一边又想要体验关系最初的那种亲密感，从而走向出轨。加上回避型依恋的人本来就疏离，在时间和空间上也有更多的出轨机会。

所以，从依恋理论的角度来看，当一个人缺失安全基地，便可能迷失在对虚幻的安全基地的渴望、追寻和迷恋中，还会停止对自我、对对方和对生活的探索，对各种变化的环境和需求视而不见，结果两个人的需求都得不到回应。这个时候，各种没有被满足的需求，以及内心深处对爱和被爱的向往，便成了一种推动力，让两个人都很容易迷失在出轨的激情中。

在破裂的关系里，如何实现重建？

聊完了出轨发生的原因，现在我们来聊聊：遭遇出轨后，如何在破裂的关系里重建自我？怎样判断要不要与对方重建关系？以及，该怎么重建关系？

受伤点在哪里？

遭遇出轨后，很多人会忍不住把自己和第三者进行比较，觉得如果自己足够好，出轨者就不会出轨。

其实并不是这样。出轨者比较的不是两个人，而是两种选择：一种是只和其中一个人在一起，另一种是都要；或者，一种是先离开再去找机会，另一种是等找好了再做比较选择。

所以，如果你遭遇了出轨，不要拿自己和出轨对象比较甚至自我贬低。实在要比，就从趋利避害和享乐主义的视角比较刚刚提到的不同选择。然后，尽可能把注意力放到自己身上，疗愈自己的受伤点。

不同的受伤点需要不同的疗愈方式。我在咨询中观察到，受伤点可以概略地分为四种，分别是：关系受伤、自恋受伤、自尊受伤和信念受伤。

关系受伤的人痛苦的是失去对方、失去关系，最惋惜的也是两个人美好的过去和原本设想中的未来，在情绪上难过、低落和悲伤要多过愤怒。

对主要是关系受伤的人来说，最需要做的是哀悼，用仪式来哀悼已经失去的种种。比如，封存或者丢弃某些东西、去纪念地做一场告别旅行，等等，然后回顾生活中已经养成的依赖或习惯，一点一点地去替代，每天对未来做一点新的计划。这个过程不求快，有倒退也没有关系，只要看向未来、向未来踏出一步又一步就是进展。

自恋受伤和自尊受伤痛苦的是失去面子，这两个看起来很像，都有强烈的羞耻感、愤怒和怨恨，控诉的更多的是"你怎么可以骗我，你怎么可以背叛我"，但它们的底层逻辑不一样。

自恋受伤质疑的是自己的魅力和对方的眼光。他们会疯狂地比较自己和第三者，想要维持自己的优越感，会担心别人议论自己、看不起自己，想要让别人知道自己过得依然很好，可能还会积极地找新的追求者和崇拜者。

对自恋受伤的人来说，短期要做的是破除"被出轨＝你不行"这样的认知，长期要做的是减少自己对优越感的依赖。因为优越感会伤害各种关系，还会让你在遭遇意外和挫折时陷入更大的打击、怨恨和自暴自弃。所以，试着减少靠比较带来的自信，增加对自我价值和价值观的自信，这对于自恋受伤的人来说是最关键的。

刚刚提到的自恋受伤的这一切表现，自尊受伤也会有，但程度低很多，而且更多的是情绪激烈时的冲动。情绪稳定后会反思自己的行为、性格和能力等，想要知道自己究竟哪里有不足，对亲密关系会更加谨慎，也会更愿意通过工作、学习、健身等的自我提升来找回自我价值感。

另外，对自尊受伤的被出轨者来说，继续留在这段关系里却毫无改变的话，还会让他们自责"我竟然允许他这样对我"。这时候糟糕的不只是对方背叛了自己，更失望的是连自己也背叛了自己。

如果你是自尊受伤，短期来看，记得多和欣赏你的朋友在一起，借助他们的力量找回原本的自己；长期来看，要试着利用这次机会，看看有哪些可以进一步成长的地方。比如，对人性的理解、情绪和压力管理的能力、沟通技能等；再比如，更新自己对亲密关系和人生的打算，当你在被动的危机中开始主动创造新的意义和机会，你就不仅能疗愈，还能更强大。

我们再来看信念受伤。通俗来说，就是不相信爱情了，也不相信忠诚和利他了，觉得人都是自利自私的，哪怕不出轨也只是暂时的权衡利弊和诱惑不够大而已。

短期来看，这其实是好的，是一种应激反应下的自我保护，让我们在还没准备好的时候避免再次受伤。只是如果一直这样下去，会丧失建立亲密关系的机会和能力，关键是对人和世界丧失积极乐观的信念，很可能会慢慢变得冷漠和空虚。

如果你是信念受伤，或许可以好好从心理学、经济学、政治学、社会学等多个学科来学习一下人性的方方面面。比如，可以速读各个学科的导论，观察自己对哪个理论、实验和调查结果等有感觉，然后找研究者或相关主题的科普作品来看，同时再找反对阵营的内容来让自己兼听则明。

因为信念受伤往往意味着现实和想法的矛盾冲突，也意味着新旧想法的更替混乱，所以你需要在尽可能广泛又全面的辩证中找到属于你的答案，当你知道人性变化的规律和管理人性的方法时，你可能就可以一边保持对人性的客观和冷静，一边在信念和行动上继续保持慈悲和乐观。

怎样好好道歉？

刚刚我们说的疗愈方式都是尽可能只靠自己和朋友，并没有出轨者的参与。

很多时候，出轨者的道歉经常会让被出轨者更加愤怒和难过。比如，有的出轨者会反复说："我错了，我再也不会了。"然后，被出轨者反复说："你错在哪了？"一不小心，这个对话就会陷入对出轨细节放大镜般的追问中，还可能不断发现出轨者更多的谎言，双方的冲突于是也会更激烈。

所以，我经常建议出轨者，如果想破镜重圆甚至更好，一定要尽可能坦诚，宁愿让关系因为坦诚暂时破裂，也不要继续冒险撒谎导致更多怀疑。每一次谎言被揭穿的时刻，也是信任和安全感再次被爆破坍塌的时刻，坍塌太多次，很可能会彻底失去关系重建的信心和基础。

在重新开始前，除了分析出轨反映出来的需求和关系问题、直面出轨背后真正的问题外，出轨者的道歉也很重要，但很多出轨者其实不懂怎么道歉。道歉的关键并不是你做了什么、错在哪儿，而是你做的给对方造成了哪些后果和伤害。

比如，我最近有一对夫妻来访者。男方是医生，利用各种急诊和手术这样不固定的工作时间，在车上或开房出轨；女方刚生完第二个孩子一年多，是全职主妇，忙于照顾两个孩子和四个老人。女方一直反复控诉的是："你明知道我这么辛苦，你也不管家里。你明知道孩子在感冒发烧，你还要出轨。"

对于女方来说，男方更好的道歉其实要集中在关系受伤中的公平问题和责任问题上。比如，具体可以这样说："我欺骗了你，我辜负了你的信任和体贴，你为了照顾我承担了更多，我却利用你的爱和责任心满足自己的私欲。我也对不起孩子，没有顾及孩子的安危。在这个过程中，我没有尽到爱人、丈夫和爸爸的责任。我知道你很愤怒，甚至想什么都不管了。我都懂，如果还有我不懂的，我想听你再多说一些。"

总之，如果道歉，要尽可能理解被出轨者的受伤点，让被出轨者知道你理解他因此承担和承受了什么，你理解他的情绪和各种反应。

反过来，对被出轨者也是一样的，你要观察对方的道歉有没有做到这些。如果没有，可能他还是不懂自己做了什么，或者是思考和处理关系的能力有限，或者是没有意愿求助并深度思考，这样不仅很难达成宽恕，出轨再次发生的概率也依然不低。

要不要重新开始？

说到这里，虽然要不要继续关系或者说要不要在出轨发生后重新开始这个问题很复杂，很难三言两语讲清楚，我还是想试着给正在经历的人一点思路，协助你们做出更好的决策。

心理学有调查发现，出轨过的人在长期关系里再次出轨的概率是没有出轨经历人的好几倍。所以，继续关系本身从概率来讲就是一次冒险。如果你想继续，你要首先确保自己有冒险的底气和能力，比如不怕对方的背叛，如果你怕，那继续关系只是把自我伤害以及关系破裂的时间延后了，还增加了受更大伤害的可能性。

然后才是看对方和这段关系本身，要试着辨别出轨对出轨者和关系来说是警报、药物，还是丧钟。

比如，出轨暴露了两个人之间的沟通问题，暴露了一方过度沉迷工作而忽略了伴侣和家庭，这种出轨便是警报，提醒两个人处理真正的问题。药物是指一方其实在利用出轨找继续关系的动力、维持自己良好的自我感受和情绪等，比如用出轨找关注、找情绪价值、找心理平衡。

很多时候，出轨的发生既是警报，也是药物。我们之前提过的电视剧《半熟男女》里何知南的出轨就是这种情况，如果能借此应对真正的问题，那自我和关系都有重新发展的机会。

但丧钟不一样。当出轨者在出轨以及出轨处理的过程中，已经表现出了决绝、冷漠和无情，哪怕法律或者表面关系还在继续，但亲密关系中亲密的那部分其实已经结束了。比如，出轨者说："你别管我，你想过就过，不想过就走。"这对很多被出轨者来说一时很难接受。在和被出轨者的咨询过程中，我经常要陪伴他们反复地面对对方已经不爱了这个事实，反复直面各种不爱了的表现和细节，直到涌现绝望和哀悼的情绪。这些情绪既意味着真正的结束，也意味着开始新生活的可能性。当我们放弃虚幻的希望，我们才能重建现在的自我和人生。

这个过程很难，但用好方法一定能走过去。作为遭遇过出轨的亲历者和见证过无数被出轨者重获新生的咨询师，我真心希望这一讲能让你在最难的日子里多一些勇气和启发。

看到这里，你很可能已经和我一样意识到，长期关系中的主动忠诚其实是很难也很幸运的一件事。

其实，不是只有出轨才是背叛，所有让两个人远离亲密的行动都是背叛，比如故意忽视对方的喜怒哀乐，再比如吵架中的人身攻击，等等。很多时候，有爱的关系走向出轨，是无数个细小的背叛累积的结果。

希望这一讲内容能让大家在爱的最初，从细小背叛的开始，就能清醒又警惕地直面现实，守护好自己和关系。

不过，相比于关系中的彼此忠诚，我更期盼你能对自己忠诚。不要背叛自己，比如守护自己的健康、践行自己的价值观、捍卫自己的权益、照顾自己的情绪和情感需求。爱自己、对自己忠诚，是我们靠自己就能把控的事。

06

"中年危机"

所有关系的背后，都是我们与自己的关系？

"中年危机"带来的不爱了，很可能是全方位的——不爱伴侣、不爱自己、不爱婚恋、不爱生活……我们该怎么理解"中年危机"？又该怎么准备、怎么度过呢？

这一讲，我们就聚焦"中年危机"背后的各种心理议题，一起来聊一聊"中年危机"是如何影响自我然后导致不爱了的，也简要谈谈我们该如何更好、更平稳地度过危机，重获新生。

"中年危机"，不只发生在中年？

传统意义上的中年危机主要是指，人们在 30 岁到 40 多岁的年龄阶段，容易在事业、家庭、健康等多方面感到压力与焦虑，对自己的人生价值和意义也感到迷茫和怀疑，仿佛站在了人生的十字路口，不知该何去何从。

而在现在的社会，传统意义上的中年危机不仅提前了，还扩散了，全年龄段都在遭遇身心上的危机。

越来越多的孩子陷入焦虑、抑郁，因此休学、退学。越来越多的年轻人在内卷还是躺平的"仰卧起坐"中，感到迷茫、愤怒又压抑。中年人就更不要说了，就业、疾病、房贷、养老、育儿都是一座座大山，压得他们喘不过气。老年人的心理问题也越来越多，最直接的表现是失眠。这些传统意义上人到中年才有的感受，似乎成了全社会共享的问题。

"中年危机"为什么提前而且扩散了？我想，这是健康问题、信息爆炸和经济问题等多重冲击下的结果。

健康问题让我们提前面临衰老和身心的失控，信息爆炸又冲击着我们的自我认同感、人生意义感和希望感。比如，原本我们自认是优秀的、成功的、被爱的，当我们见识到了更广阔也更复杂的社会后，才发现自己可能是不够好的、挫败的、不被爱的。原本我们以为"爱拼就会赢"，后来渐渐发现，我们拼尽全力也不一定能抵达"罗马"，可有的人一出生就在"罗马"，"爱拼就会赢"只是我们对未来和公平的幻想。再比如，我们原本以为"为爱做出牺牲"是伟大的和有意义的，现在却意识到，这可能只意味着自己的真心错付、被利用了。在健康问题和信息爆炸的冲击之外，经济问题又会加剧我们的各种不甘、无奈甚至是绝望。

我们身上的角色越多，这些冲击就越多。因为角色越多意味着我们面临的取舍就越多，而每个人的时间、精力、金钱都有限，于是工作家庭很难兼顾，大家庭小家庭很难两全，自己的快乐和角色的责任也经常冲突，结果难免面临自己和亲密之人的无奈与失望。

所以，这一讲要聊的"中年危机"，并不只是"中年人的危机"，而是当我们开始直面现实以及未来的不确定性时，经历的动荡、懊悔、不安和希望感的丧失，也就是心理上直面真相、走向独立时所经历的危机。

用荣格派心理学家詹姆斯·霍利斯（James Hollis）在《中年之路》（*The Middle Passage*）这本书中的话来说就是，"中年危机"指的是意识到"我们和世界之间并没有签订心照不宣的契约，并不是只要我们心地善良、意图良好、行为正确，事情就会进展顺利"时，身心各方面所遭遇的危机。

当一个人在"中年危机"中渐渐失望、恐惧甚至绝望时，就丧失了探索欲和创造力。而我们在第一讲中也提到过，"爱是敞开自己去相信和冒险"。所以，如果没有了探索欲和创造力，自然也就失去了爱自己、爱他人、爱世界的意愿和能力。于是，如本讲开篇所说，"中年危机"很可能会带来全方位的"不爱了"。

但是，"中年危机"同样也是一个迎接新生的契机。在危机中，如果我们能主动探索下面这个问题，我们就有机会把"危机"转化为"新生"：除了我过去所经历的、所获得的、所成就的一切，除了我所扮演的那些角色，我还是谁？我究竟是谁？

换句话说，当自我意识开始觉醒，我们会因为突然直面"我是谁"这个问题而惊慌失措，陷入危机之中，但同时，也正是因为我们看见了"我是谁"这个问题，主动创造自我、寻找灯塔和港湾的旅途也才得以正式开始。

"中年之路"，会经历什么考验？

丧失与接纳

在我看来，这场旅途艰难的地方在于，它常常伴随着各种痛彻心扉的时刻。比如，第一讲中提到的，意识到母父可能并不爱你，并且永远不会承认他们对你造成的伤害并为此感到抱歉。再比如，第二讲提到的，意识到这个世界对性别、阶层等如此不公平，我们需要头破血流地斗争，才可能有好转的希望。

而这些痛彻心扉的背后，都包含"丧失"——丧失依靠，丧失希望。我们曾以为自己是被命运眷顾的、拥有爱和成功，也以为未来能拥有更多的心想事成。但此时此刻，我们突然发现，拥有只是暂时的，甚至都只是幻象。身体会垮，爱人会变，事业会丢，未来也不是旷野，是一条条轨道、一堵堵墙、一个个坑，甚至是一座座悬崖。我们必须靠自己才能走下去，但我们其实也经常辜负自己，这更令人难过。

也就是说，那些我们曾自以为拥有的、自以为稳定的依靠与希望，在现实世界的冲击下瞬间崩塌了、消逝了，让我们感到痛苦又无奈，也没有心力为了爱去冒险和付出。

而人生的终极丧失是死亡，当"隔在我们和死亡之间的一道帘子"掀开或者消失，我们就在直面人生无常、生命有限，对此我们经常无能为力。我们可能会因此怀疑活着的意义，并做出"活着没有意义"这样的论断，然后走向"没有意义就没必要继续"的极端，生命于是也变成了没有爱、没有温度的麻木状态。

举一个我自己的例子。2024 年上半年，我父亲突然被诊断出肠癌晚期。曾经好几个夜里，我都在心里恨着问为什么：为什么父亲和我们会遭遇这些？如果说癌症本身已经带来了挑战和痛苦，那这样的内耗无疑是二次创伤，干扰了我和家人的当下——当我总在内耗，我便少了时间、精力为自己和他们做些什么来减少痛苦，增加幸福。

但我也没因此自责，我只是在想：内耗的背后是什么呢？我意识到，"父亲被诊断出肠癌晚期"这件事一方面冲击了我"公平世界假设"的信念，让我不爱这个真实的世界了；另一方面，我其实并不接纳这个现实，我心里有这样两个执念：我不应该是这样的人生，我的父亲、母亲也不应该是这样的人生。

可是，说到底，人生哪有"应该版本"呢？有的人生在旷野，有的人生在丛林，有的人生死都在战场；有的人阖家欢乐，有的人家翻宅乱，有的人生来就是孤儿。当我执着于自己想象的"应该版本"，在这件事上，我就成了被人生辜负的受害者，但当我放下"应该版本"，我就只是人生无常的一个经历者。这时候，注意力才能回到当下，关注眼前的人和事，才能去爱、去生活。

那么，怎么才可以放下对"应该版本"的执念呢？心理学研究发现，这或许可以通过练习感恩和哀悼来实现。

积极心理学一直在倡导"感恩练习"来提升幸福感。什么叫作"感恩练习"呢？可以是写感恩日记，记录两三件让你感恩的事情，比如感恩伴侣在乎我的快乐，看到我爱吃的就带给我。或者是做感恩表达，向他人表达你的感激之情，比如和伴侣说一声"谢谢你在工作疲惫的时候还主动分担了更多的家务"。"感恩练习"本质上是对注意力和记忆的管理，让我们注意并记住自己拥有的。

　　什么叫作"哀悼练习"呢？如果说"感恩练习"是让我们注意并记住自己拥有的，那么"哀悼练习"则是让我们直面并接纳自己失去的：可以是独自一个人的回忆和书写，记录自己失去了什么，并尝试写下自己的心路历程。也可以找个人倾诉，讲述自己的痛苦、遗憾、迷茫和自责。不过，记得要找一个能敞开胸怀、倾听你的感受、让你安心把压抑的想法和情绪都释放出来的人。因为面对丧失，你需要的不是建议和乐观，而是见证和陪伴。如果没有别人，就自己做自己的见证者和陪伴者。更进一步的，还可以做一场哀悼仪式，比如封存物件、告别旅行等。

　　先练习感恩，再练习哀悼，这个顺序很重要。因为"中年之路"的自我创造好比一场新生，在外界压力不小的情况下，"新生"需要"看见和感恩拥有"带来心理上的支撑，有了这一支撑以后再直面失去，才能更稳妥地做到"不破不立"中的"立"。否则，很容易抑郁或者焦虑到一蹶不振，逃避现实，躲到酒精等各种上瘾的世界里。

错误与承担

　　除了丧失与接纳之外，"中年之路"的另一个很重要的心理课题是错误与承担。

当回望自己已经走过的人生时，一定的心智水平和一定的时间跨度可能会让我们意识到，自己曾经做出过那些糟糕的选择，这些选择又如何造成了现在伤害性的结果。比如，因为怯懦和短视错过的机会，因为一意孤行信错人遭受的痛苦，因为忽视健康导致的不可逆转的慢性病，等等。

这些犯下的错，如果我们不承认，错误会以不同的方式反复发生，影响到我们生活的方方面面，包括亲密关系。

比如，如果一直习惯用逃避来处理问题，冲突只会越来越大，也会错失好的朋友、伴侣和关系。在亲密关系中，当一个人没有意识到或者不愿承认自己"习惯逃避"这一造成问题的行为模式，一直归因为是找的人不对，于是分手或离婚，尝试找跟前任不同类型的伴侣，然后在新的关系中遭遇了问题又继续逃避，冲突又爆发，最后又分开。如此循环往复，慢慢地，还会开始质疑"关系"本身，最后就可能直接逃避长期关系。

好的认错其实一直是一件很需要勇气和智慧的事，如果我们直面了糟糕的结果，却无法承担背后的责任，内在的压力就会激增。为了否认、忽视或摆脱这些内在的压力，人们常常会抑郁、酗酒、沉迷于性爱、出轨、反复跳槽等。

那么面对已经无法挽回的错误，我们该怎么承担、

30

怎么释怀呢？在介绍具体的方法之前，我想与大家分享我曾遇到过的一位来访者小辉的故事。

> 小辉在其他人眼中曾经是人生赢家，家庭幸福、事业稳定，在一家外资公司干了二十多年，年入百万。但有一天，当小辉像往常一样来到公司，突然收到了被解雇的通知。幸运的是赔偿金很可观，不幸的是后来一直找不到工作，现金流渐渐不再能支撑房贷和子女的教育。于是他们卖了房，也给孩子转了学。
>
> 小辉的伴侣一直说他"没有居安思危"，小辉也怪自己工作二十多年居然没有什么硬本事，人脉也不行，连工作都找不到。他越想越消沉，还迷恋上了网游。伴侣看不下去了，告诉他必须去咨询调整自己，不然就离婚。来咨询的时候，他整个人沮丧又紧绷，说现在不仅工作没了，家也快没了，都怪自己。

小辉说的"都怪自己"，是一种过度内归因的消极归因模式，也就是遭遇失败时，觉得都是自己的能力问题。与"都怪自己"这样的过度内归因相对的，是过度外归因的消极归因，也就是都怪别人、都怪环境、都怪运气，等等。前者是极端的认错，后者是极端的不认错。无论哪种，其实都是不可承受之重，会让我们陷入无能和沮丧。

前来找我咨询的来访者大多都与小辉一样，常常过度内归因，承担了太多以至于感觉自己被压垮。而过度外归因的，更多地走向了玄学，想要依赖命运的安排和指示。

现在，我们回到前面提出的问题：面对那些无法挽回的错误，我们该如何承担、如何释怀呢？

我觉得，首先需要做的就是试着更好地归因——不再极端地向内归因，一人揽下一切责任，也不再极端地向外归因，拒绝承担任何责任，而是尽可能接近现实的综合归因。

比如，小辉的长期失业，固然有自己的问题，但也有外部和运气成分，就像恰好遇到了中美贸易战和经济危机让岗位需求骤减，这是环境的问题，并不是他的问题。所以，当时我和小辉一起讨论了很多别人真实的失业故事。在那些故事里，小辉渐渐看清了自己做出的糟糕选择，也看清了自己无法控制的外部因素，这时候，虽然小辉还是沮丧，但无能感降低了。

在"中年危机"中，我们常常面临希望感的丧失，但很多时候，希望并不是真的失去了，只是被一时的无能感遮蔽了。要抵御这种无能感，试着综合归因，承担起自己的责任，但又意识到"这不完全是自己的问题"，是更温和也更有效的途径。

了解"我是谁"

不过，对一些自我概念混乱的人来说，除了归因之外，承认并承担错误这一课题还有额外的挑战。

美国心理学家希金斯（E. Tory Higgins）提出的自我差异理论认为，个体自我概念包括三个部分：

- 现实自我：个体实际所具有的特性，是个体对自己实际情况的认知。
- 理想自我：个体期望自己拥有的特性，是个体对自己未来状态的期望和目标。
- 应该自我：个体认为自己应该具有的特性，是基于责任、义务等产生的对自己的要求。

自我概念混乱，简单来说就是难以自洽，具体来说就是既看不清或者不接纳现实自我，也没有自己真心认同的应该自我和理想自我，而且理想自我难以实现。

比如，当一个人的理想自我和应该自我都是"完美的""被上天眷顾的"等，但现实自我又并非如此时，他就没法直面现实、承认错误、承担责任。

在现实生活中，很多人在遭遇"中年危机"时全方位的不爱了，是因为理想自我在破灭，应该自我是负担而不是意义，现实自我又感到无能为力。

我们在第二讲也提到过，很多女性走进婚恋才发现，世俗文化将女性的理想自我框在了婚恋生育中，对女性的应该自我提出了太多费时费力、遥不可及、服务于男性的要求，这时候，女性的现实自我便很难在实际生活中体验到自我认同感，也很容易陷入自我概念的混乱中。当然，男性也有这样的困境，自我概念里的应该自我和理想自我都无所不能且光宗耀祖，现实自我却屡屡受挫。也就是说，两性都开始渐渐找不到"我是谁"以及"我为什么活着"的答案。

这背后除了受到我们第二讲提到的性别偏见的影响之外，还有优绩主义社会文化的影响。

优绩主义文化是一种以绩效、成果和成就为核心衡量标准的文化理念，简单来说就是看比较和结果，不看价值观和过程。当一个人习惯了用比较和结果来定义自己、感受自我价值，那么，一旦经历了失业、婚恋破裂、孩子休学等这样的事情时，标签脱落，工具属性丧失，自我就会迷失。

而且，优绩主义也很容易养成固定型思维，对挫折的免疫力更低，更难在逆境中成长。再加上优绩主义的人身边经常会聚集相似的、认同优绩主义的人，他们常常互相喂养优越感。所以，当一个人在世俗层面跌落时，他的人际关系往往也会破灭。这时候，已经摇摇欲坠的优越感也会彻底坍塌。

那么，面对性别偏见、优绩主义等世俗文化所带来的自我概念混乱，我们该怎么做呢？

前面我们提过，价值观是自我意识的重要组成部分。只有当理想自我和应该自我的要求符合我们的价值观，并且我们可以靠自己的努力和环境的帮助，让现实自我不断接近理想自我和应该自我的时候，一个人的自我概念才能整合且稳定。

比如，如果一名女性的价值观是"独立自主、理想和平静"，但理想自我却是"嫁个好老公，生活得万众瞩目"，应该自我又是"相夫教子，以家庭为先"，那她就很难自洽和幸福。或许，她可以停下来想一想，自己的理想自我和应该自我是不是在很久以前就被外界规训了？自己真正想要的是什么？

这时候，理想自我或许可以调整为"有一位同样优秀且支持她理想并且情绪稳定的人生伴侣"，然后以较低的频率把生活方式展现给网友们来分享经历和经验；应该自我或许可以调整为"尽力为家人负责，但事业同样重要，家庭是她和伴侣的共同职责"。这既符合价值观，也有一定的可行性。

但话说回来，现在有太多人，尤其是孩子，或者是没有价值观的"空心人"，或者是自己真正认同的价值观被层层枷锁锁住了。一个社会的文明和先进，从某个角度来说，也体现在个体价值观的多元及独立上，因为这反映了社会的包容和开放。但是，在优绩主义文化盛行的当下，只有结果，只有成功和失败，就很难有多元价值观发展和践行的空间。

换句话说，当社会大环境如此，自我概念混乱所引发的"中年危机"几乎是大概率会发生、还很难平稳度过的，所以，如果做得不够好也不要自责，因为这并不是你的问题。

整理自己的人际关系

价值观的形成和三个自我的整合，不仅会受到社会大环境的影响，还会受到身边的人际环境的影响。

比如，如果一个人总在被周围人索取物质、时间和情绪价值，那么他就没有时间和精力来关怀自己。如果他还总在被伴侣指责哪里有缺陷、哪里没做好，那么他不仅会紧张和愧疚，也会越来越焦虑或者抑郁。倘若如此日复一日地承受着身边人的失望情绪，哪怕只是像东西一时找不到了这种很小的挫折发生，也足够让他情绪内耗甚至崩溃，更不要说形成稳定的价值观、实现自我整合、应对"中年危机"了。

而那些总是向他人索取物质、时间和情绪价值的人，总是指责他人、表达失望的人，总是以受害者自居的人，可能也处于"中年危机"中。他们的自我在人生危机中没能破碎后重建，于是他们没有力量承担自己的责任，只能怪别人、怪世界。而他们的伴侣甚至孩子，则经常会成为他们人生无常和不如意的替罪羊。

"受害者＋替罪羊"的组合会让亲密关系一地鸡

毛、面目全非。比如，在 2024 年热播的综艺节目《再见爱人》第四季中，李行亮和麦琳这对夫妻的互动就在呈现这一情感模式。

麦琳一直在埋怨李行亮让她错过了更好的人生，指责李行亮不关心她、不懂她、不为她付出，而李行亮一方面心疼妻子，另一方面也很委屈，不知道该如何做才能满足麦琳的需求。

当然，李行亮究竟是"替罪羊"还是父权制的"帮凶"，对于这个问题，我们暂且不议。这里只是借用"受害者＋替罪羊"这一模式来观察他们的情感状态，为大家展现这一模式下亲密关系的糟糕之处。

"中年之路"本来就要应对各种各样的挑战、失望和内疚，这样的人际关系无疑是火上浇油、雪上加霜。

在"中年危机"中，如果有一个人能让你感到安心，让你确信他永远不会对你失望，那当然是再好不过的事情。有的人很幸运，原生家庭、友情或者伴侣就是这样的港湾。还有的人，在榜样、宠物或者虚拟伴侣身上体验到了这样无条件的接纳。

如果没有，那我们自己就要主动担负起整理自己人际关系的责任。有句话说"婚姻是人的第二次投胎"，我觉得不是。在我看来，经济独立以后，"第二次投胎"就已经开始了，因为这时候你已经有了选择人际环境的基础。而"中年危机"的应对、自我整合的实现、人格的第二次形成，需要靠自己，也需要靠人际环境。人际关系是镜子，也是雕塑师，能让你在互动的过程中看见自己、塑造自己。

所以，可以观察一下：从感受上来说，和哪些人在一起会让你感到平静、坚定和快乐？从行为上来说，哪些人让你有了会感到踏实和自豪的行动？从目标上来说，哪些人是你成就道路上的引路人和良师益友？从价值观上来说，哪些人的存在会让你觉得这个世界有他们真好，会让你对这个世界多一点喜欢和信心？靠近这样的人，与更多这样的人建立更深的连接，也许会让你的"中年之路"走得更顺畅一些。而当"中年危机"减少一分，爱的能力和希望也就会多回来一分。

"中年之路"，如何走得更顺畅？

最后我们来简单聊聊，怎么让"中年之路"少一点情绪内耗，多一点自我关怀。

在具体展开之前，我想先分享两个很朴素的建议：第一个是，放下手机，珍惜自己的时间和注意力，减少多巴胺挟持，给大脑一个健康的发展环境。第二个是，好好吃饭、经常锻炼、不要熬夜，照顾好自己的身体。这能让你有创造的空间和力气，也让你的大脑有延迟满足的耐心和深度思考的专注力。

交流我们的情绪，而不是带着情绪交流

说回情绪。为什么情绪这么重要？因为情绪背后是想法，想法背后是需求，需求背后是价值观，价值观关乎"我是谁"，也关乎"我现在要怎么做，我的未来要去哪儿"。在身体状态正常的情况下，情绪不会说谎，是看见自己的钥匙。

在"中年之路"上，我们要学会交流我们的情绪，而不是带着情绪交流。

比如，一个经历过漠视和嫌弃的人，在创伤没被疗愈之前，他越想做个好家长，就越没法接受自己对孩子的厌烦情绪，而每一次对孩子的厌烦又会转化为对自己的烦躁和责怪。其实，烦躁和责怪的背后，是他对厌烦这种情绪的抵触——觉得厌烦是坏情绪、不应该产生、在阻碍自己。这便是带着情绪和自己交流。

而交流我们的情绪，则需要正念。具体来说，要体察自己的感受、为情绪命名，看到情绪背后的想法、需求和价值观，用见证者而不是评判者的视角来看待这一切。

还是以上面的那个例子。正念的做法是，当厌烦、烦躁和自责到来时，不再抵触它们，而是试着找到它们从哪里来，要告诉我们些什么。

当我们做出这样的尝试时，便能看到：首先，安排被孩子打乱，给你带来了厌烦的情绪，而想要维持

安排的顺利进行和可控本来就是人之常情，也是有生活管理意识的表现。然后，厌烦这一情绪刺激了过去的自己曾被嫌弃和漠视的创伤，还冲击着现在的自己关于"我是个好家长"和"孩子很重要"的信念。你没办法接受这个辜负了孩子的自己，这又导致了烦躁和自责；而这种烦躁和自责，让你想爱却又爱不了孩子，最后走向崩溃。

从这个例子中，我们可以发现，正念能为我们在情绪和反应之间创造一个空间去思考和选择。前面提过，创伤会损伤大脑，让大脑运行出现各种 bug，而正念就是给大脑重新编程的机会。研究也证实，正念会增加一个人调用大脑中前额叶皮质区域的能力，这个区域关乎认知和行为管理，是更高阶的大脑活动。

正念能让我们练习用一个温柔的见证者的视角来看见情绪、接纳情绪，好奇情绪的意义，试着找到情绪背后的需求和价值观。

看见情绪背后的需求和价值观

在上面的例子中，厌烦、烦躁、自责的情绪，揭示了一个人过去作为孩子没有被满足的情感需求，也反映了他现在作为家长自我认同的需求。而这些需求的背后是共同的价值观——爱很重要，家人很重要。

当意识到这一点以后，目标就不再是"如何不对孩子厌烦"，而是变成了"如何应对自己没有被满足的需求"，以及"如何在厌烦还是会产生的情况下做些什么，来爱自己、爱孩子"。

比如，观察自己厌烦出现的情境和强度，在同样的情境前和孩子说一声："妈妈或爸爸等下可能会烦躁，但不是你的错，是妈妈或爸爸工作上的烦心事。"再比如，每次厌烦后，除了安抚受影响的孩子，也试着给自己安排一点安抚，吃点好吃的、闻点香、做点感兴趣的事等。当大脑和记忆发现厌烦这种情绪反而会带来奖励的时候，情绪反应本身也会变得平稳。

总之，旧目标是对情绪的指责，也是对情绪反应的限制，这会带来额外的压力，改变也经常会失败，让人沮丧。但新目标是对情绪的接纳，从根本上接受这种情绪反应可能一直存在，在这个基础上继续探索自我关怀和实现价值观的方式，灵活性会强很多，也能取得各种各样的成功。

我在这里举亲子关系作为例子，并不只是为了协助孩子的母父成为更好的家长，而是想对那些正在养育孩子或有养育孩子这一想法的朋友说，在我们的"中年之路"上，养育孩子的过程其实也可以是一个极佳的探索自我、重新养育自我的机会。养育可以成为一种互相滋养的关系：我们用爱孩子的方式来重新爱自己，同时也通过重新爱自己让孩子拥有更美好的童年。

用"中年危机"的视角再次认识他人和自己

我们每个人也曾做过孩子，我们也可以试着用"中年危机"的视角重新解读母父和我们的互动。比如，有时候不是他们不愿意爱我们，而是他们遇到了很多人包括我们自己都会遇到的挑战，而社会环境能给予的支持和知识都有限，他们可能尽力了但是做不到。这样想的话，或许能多一点释怀。

同样的，如果你也能这样宽容自己——这不是只有我才遇到的问题，出现这个问题也并不完全是我的错，或许能让我们的"中年之路"走得更慈悲、更轻松一些。

总之，"中年之路"既是拥抱并肯定过去的自我曾付出的努力，也是宽容此刻依然不完美的自我和世界，然后在彻底"不爱了"的失望和绝望中，看清并接纳虚假的表象和真实的本质，不再爱表象的结果和标签，而是爱真实的自我和世界，并且用行动去实践不爱，也实践爱。

说到这里，这一讲的主要内容就要结束了。希望这一讲的内容能让你我都在"中年之路"上不断创造更独立，也更灵活的自我。相比于成为更好的自己，我更祝福你拥有越来越多平和的当下，在较劲和释怀间取得平衡，走在脚踏实地的中庸之道上。

为什么不爱了？

到这一讲，本书的第一模块"不爱了，为什么"就完结了。

在第一模块中，我们一起借由各种理论、观点和案例，解读了各种"不爱了"现象背后的种种原因，也尝试提出一些应对方法，包括但不限于童年创伤、性别偏见、权力关系、人性矛盾和"中年危机"等。

综合来看，"不爱了"是社会全方位的、结构性的结果。童年时遭遇的原生家庭创伤、青年时遭遇的性别偏见和权力压迫、中年时遭遇的丧失和自我破碎，看起来是个体的痛苦和问题，但背后是文化、经济、政治和历史等跨越时空累积下的影响。

由此可以发现，爱其实是逆水行舟、万里征途。所以我常会想，那些能付出爱又拥有爱的人真是又幸运又伟大。如果你看清了"爱"这一议题背后的种种风险，依然认为爱很重要，依然选择去爱，我很欣赏也很敬佩，我也真心祝福你一直爱、一直被爱。

第二部

不爱了，

然后呢

调整信念

从"我不值得被爱"到"我值得被爱",需要几步?

从这一讲开始,我们将进入本书的第二模块"不爱了,然后呢"。在这一模块中,我们将聚焦"不爱了"之后的自我修复、自我重建。

作为这一模块的开篇,我将在这一讲中重点和大家分享与羞耻感有关的自我修复。为什么以"羞耻感"切入?因为每一个羞耻感爆发的瞬间,都是"精神上想让自己消失"和"不爱自己了"的时刻。逃避羞耻感,就是在远离完整的自我,也会错过改变或成长的契机。

那么,如何察觉自己的羞耻感?怎么发现自己的逃避?又该怎么超越羞耻感,获得更完整的自我和爱呢?让我们一步步展开。

为什么从"羞耻感"开始？

"羞耻感"和"不爱了"经常互为因果。一个人不被看见、不被接纳、不被爱会产生羞耻感。比如我们之前提到的作为被出轨的一方和作为关系里的第三者，再比如被遗弃、被分手的人，都可能因为不被对方爱了而深受羞耻感的煎熬。反过来，一个人有羞耻感，又会让他无法用真实的、完整的自己去和别人相处，错过爱自己、爱他人和被爱的机会。

上一讲提到，情绪的背后是想法、需求和价值观。那么，羞耻感这一情绪背后的想法是什么呢？

羞耻感的背后是"我不好，我不可爱，不值得被爱"，甚至是"我身为人类，存在着一些根本性的缺陷，我应当消失，我的存在本身就是耻辱"。这种想法彻底否定了自我和自我存在的价值，从根本上不爱自己了，也从根本上放弃了自己。而一个从根本上不爱自己、放弃了自己的人，无力、无能主动去爱别人或承接别人的爱。换句话说，羞耻感会让人丧失"爱的能力"。

从这个角度来看，所有有关爱的、一直隐痛的创伤深处，一般都有羞耻感在呐喊。在呐喊没被听见之前，我们会持续自责、自我贬低甚至自我抛弃。但如果留心去听见呐喊，并去思考呐喊背后的想法，我们会渐渐发现，有问题的其实并不是我们，而是我们的关系、我们所在的环境。而意识到"这不是我的问题"
的时刻，往往就是疗愈开始的时刻。

重新认识"羞耻感"

什么是羞耻感？

羞耻感是指当个体意识到自己的行为、想法或自
身特征违反了社会公认的道德准则、价值观，或是没
能达到自己内心期望的标准时，所产生的一种痛苦、
难堪甚至自我贬损的感受。

羞耻感有各种各样的躯体表现，比如脸红耳赤、
目光闪躲，不敢直视他人，好像害怕被看穿内心的窘
迫。身体也会变得僵硬，动作变得不自然。有的人还
会微微颤抖，心跳也会加快。

在认知上，羞耻感会让个体陷入强烈的、负面的
自我审视，不断质问自己怎么能做出这样的事或者有
这样的想法，觉得自己很糟糕、很差劲，在他人面前
低人一等；还会担心别人也像自己看待自己一样，对
自己持有负面评价。于是，在各种关系和社交中变得
畏首畏尾，害怕再次发生相似的让自己蒙羞的情况，
严重时还可能导致对社交的彻底回避，只想把自己
"藏"起来，躲开他人的目光和可能的评判，也躲开

内心的自我审视。

说到"羞耻",我们可能会联想到它的近义词"羞愧"。这两种情绪因为表现相近而常常被混为一谈，但它们背后的想法并不一样。

比如，同样是贫穷，羞耻背后的想法是"我穷，我是个失败者，我会被抛弃"，但羞愧的想法是"我穷，我没法给家人好的生活"。换句话说，羞耻关乎"我是谁"这个问题，是做人的失败；而羞愧则关乎"我做了什么"，是做事的失败。

不过，其实每个人身上都有羞耻感，只是强度和广度不一样。我们也可以从强度和广度这两个维度来观察自己的羞耻感，从轻微到强烈，从具体到泛化。

从强度来看，轻微的羞耻感可能是在别人面前不小心说错了一句话，当下脸微微一红，心里闪过一丝尴尬，但很快就能调整过来，继续正常交流。而强烈的羞耻感就像是自己犯了一个大错，瞬间面红耳赤，恨不得找个地缝钻进去，交流也进行不下去了，之后很长一段时间都耿耿于怀，甚至影响到日常的情绪和行为。

从广度来看，具体的羞耻感表现为只对某一件特定的事感到羞耻，例如对学历感到羞耻，就会避免谈及学历，但其他方面依然自信。而泛化的羞耻感就是一旦遇到类似失败或者不如意的情况，不管是工作、社交还是生活中的点滴，都会觉得自己不行，陷入一种全面性的自我否定，甚至成功时也依然觉得自己是失败者。

当一个人的羞耻感变得强烈又泛化，那就是需要警惕的时刻了。

羞耻感为什么总在亲密关系中出现？

除了前面提到的"贫穷"和"学历"，在我们的社会文化中，女性、肥胖人士、残障人士、少数族裔等也经常感到羞耻，这些人群本质上都是在这个社会中处于弱势地位的人群。

有羞耻感，并不是因为处在弱势地位的人有什么根本上的缺陷，而是因为强势方对弱势方的审视和排斥——强势方在区分"我们"和"你们"，在评判"我们好"和"你们不好"，通常都是先有结论，再寻找甚至杜撰各种证据和标准。换个角度，这个过程也是强势方在利用羞耻感控制弱势方。因为强势方越是羞辱弱势方，就越能从这段关系中获得权力，而深感羞耻的弱势方害怕被伤害、被抛弃，便会主动放弃自己的权益，还会竭尽全力讨好强势方，试图获取强势方的"肯定""支持"或"恩宠"。

在亲子关系、两性的亲密关系和职场关系中，羞耻感更容易被强化。因为这些关系相对固定，有更多的相处时间，彼此的依赖也更紧密，强势方也更有可能掌握用来羞辱弱势方的"信息武器"——比如弱势方隐秘的过去、愧疚和痛处，再比如弱势方无意间犯下的其实无关痛痒的小错误，等等。

如果长期权力不平等，强势方又有利可图，那弱势方的羞耻感就会更多、更强烈。比如，总是觉得自己是个累赘，让长辈、伴侣、同事、领导蒙羞受苦了，在对方的言语和行为中也总感到自己一直在被嫌弃，于是或者自暴自弃，或者拼命做些什么想要弥补对方，强势方也因此有了操纵和利用弱势方的理由。

羞耻感会带来什么？

当羞耻感到来时，我们不一定能意识到这是羞耻感，我们会感到强烈的不舒服的生理反应、心理上的折磨和失控的行为，有的人会因此慌张退缩，还有的人会恼羞成怒、苛责别人。

关于羞耻感的危害，精神分析师和研究羞耻感的专家唐纳德·内桑森（Donald Nathanson）曾提出羞耻感的罗盘应对理论。他发现，羞耻感会让人产生回避行为和掩饰情绪。

回避行为包括回避他人和回避自我这两个方向，前者让人主动孤立自己，后者让人陷入各种成瘾行为。掩饰情绪包括攻击他人和攻击自我这两个方向，前者增加关系冲突，后者让人陷入抑郁。

在 2024 年播出的电视剧《不讨好的勇气》里，李庚希饰演的吴秀雅就一度因为羞耻感在职场和亲密关系中都隐藏了真实的自己，主动孤立了自己。比如，她一直想和男友分手，却又迫于外界压力，答应了男友的公开求婚。再比如，在职场中受到不公平的对待时，她也总是选择讨好别人，在心里却攻击自我，整个人变得越来越消沉。在吴秀雅的生活中，别人的感受和诉求永远是第一位的，自己总是可有可无的靠后。

羞耻感还会让人在最需要帮助和行动的时刻，主动做出放弃的选择，跟自己说："别人不会帮我的""我就不配得到别人的信任和帮助"。

我们在这一讲开篇就提到，羞耻感这一情绪的背后是不爱自己了、放弃自己了，所以当一段亲密关系本身就充满了羞辱和其他引发羞耻感的互动时，被羞辱的这一方会更加频繁地、强烈地觉得自己很糟糕、自己不值得被爱，害怕对方抛弃自己、失去这段关系。于是，他可能会这样想："我知道伴侣对我很刻薄，甚至并不爱我，但我这么糟糕，还有什么人会想要我呢？会爱我呢？"这样一想，他就既不敢抗争也不敢离开，便失去了改变的机会和换一种活法的可能。

所以，当一个人深陷一段并不被爱也让人不爱自己的关系中时，背后很可能是羞耻感在作祟。

超越羞耻感的认知准备

上面我们讲了羞耻感的表现、来源和影响，也谈了羞耻感的背后是对自我的否定甚至放弃。这些都有助于我们识别出自己身上的羞耻感，也有助于我们判断自己是不是正处于一个制造羞耻感的环境中。

那么，我们该怎么应对羞耻感、超越羞耻感呢？

要做到这一点，不仅需要调整认知，还需要采取行动，让羞耻感不再是敌人，而是成为协助我们完整自我、创造更多可能性的朋友——虽然这位朋友让我们不舒服，但当我们掌握了和羞耻感相处甚至超越羞耻感的能力时，羞耻感就是一把把打开心门和自我成长大门的钥匙。

我们先来聊聊要超越羞耻感需要做好哪些认知上的准备。

对改变保持耐心

羞耻感是所有情绪中最难耐受的情绪之一，我们常常会把羞耻感等同于"我糟糕、我失败"，于是我们可能就会臣服于羞耻感，或者用尽各种办法来躲避羞耻感，这会让我们错过改变的机会。

相比于"突发的被动且正面地迎战"羞耻感，更好的改变起点可能是在自己有充分心理准备的时候主动走到羞耻感的身边，和羞耻感坐在一起，按自己的节奏聊聊天，随时可以暂停，也随时可以离开。具体来说，我们要试着在平静的时候就不断地告诉自己：我有羞耻感，不代表我就是糟糕的、失败的，反而代表着我有机会变得更好、更完整。这样的想法，能让我们渐渐靠近自己的羞耻感，抓住改变和成长的机会。

而这一过程注定是漫长的、艰难的，我们要给自己充分的耐心，这个过程好比重新把自己养育一遍——

曾经你身边的人和环境没有照顾好你，甚至不断伤害你，让你觉得自己不好，也不值得被爱，于是羞耻感就在你的心里生根发芽。现在，你不仅要找到羞耻感的种子，还要看到羞耻感是如何一点一点生长的，然后按你想要的方式去修剪它，最后再找个适合你、你喜欢的环境，去种下自尊和自豪的种子，并浇灌它们，让自尊和自豪得以成长。

就如我们在第一讲讲到原生家庭时提过的，没有被重要养育者用心照顾过、好好爱过的人，如果想要学会照顾自己、爱自己，需要漫长的学习和练习。在这个过程中，时好时坏的状况常常会让人沮丧自己是不是根本做不到、是不是没希望了？并不是这样，有沮丧，反而意味着你依然在向目标前进的道路上，因为心里有目标才会沮丧。

改变的过程不会一帆风顺，我们需要给自己多一点耐心。

用优势视角看待自己

耐心不会凭空增长，保持耐心需要具体的方法。其中，充分使用优势视角来看待自己，是一个行之有效的方法——它既能让我们对自己和改变保持更多耐心，还能带来很多意外收获。

优势视角是一种关注个人自身优势、资源和潜能的思维方式，比如刚才提到的"把沮丧看作自己依然怀有目标的信号"便是一种优势视角。

再比如，前面我们提到的："我知道伴侣对我很刻薄，甚至并不爱我，但我这么糟糕，还有什么人会想要我呢？会爱我呢？"这样的现实情况和想法用优势视角来解读就是："我其实能清醒地意识到伴侣正在对我做什么，我也有勇气接受'他不爱我'这个事实，甚至我还有勇气去直面'没有人会要一个糟糕的我'这样的判断。"

当一个人意识到自身的清醒和勇气，他就能更主动地去发挥这些优势。也许他暂时还难以彻底离开这段关系，但可以把这份清醒和勇气用在别的地方，来挑战自己"我很糟糕"的想法。

比如，他可以带着勇气进一步清醒地辨别他身边的哪些人同样并不爱他、哪些又一直很欣赏他。再比如，带着勇气和清醒学习心理学和女性主义等，发现"我很糟糕"背后的各种根源。这一次次的挑战，能帮助我们累积更多的力量去超越羞耻感、走出糟糕的关系。

换句话说，改变要发生，并不一定要无中生有地学习一些新的技能，不断练习用优势视角观察自己，发现自己已经拥有的优势，也能促成改变的发生——因为这些优势都是我们的工具箱，你看到了它们，你就有可能拿起它们、用它们，还会主动想到更多的用法。当我们越来越习惯于从各种各样消极的事情中找到优势视角，我们的耐心和信念也就能越来越强。

对待羞耻感也是这样。用优势视角来看待羞耻感就是既承认羞耻感的消极影响，也强调羞耻感的积极意义，认为每个人都能从中发现优势、资源和潜能，相信自己能超越羞耻感。

借助人际环境的力量

除了耐心和优势视角，另一个认知上要做的准备是，不要只靠自己埋头苦干。

虽然前面几讲的内容一直在强调"靠自己"的重要性，但超越羞耻感是个例外。羞耻感是一种人际情绪，是关系和环境出现问题的警报——它提醒我们自己正在被他人、关系和环境排斥，无论这种关系和环境表面上看起来怎么样。

比如一对情侣，女生兴奋地和男友分享自己最近发表的一篇取得 10 万＋阅读量的文章，男友很认真地从头到尾阅读了一遍（这看起来很好），然后抬起头注视着女友（这看起来很真诚）说："我觉得这里逻辑不太清晰，那段的例子也不够有力……我是为你好才直说的，别人可能不会跟你说真话。阅读量有偶然性，实力才是更重要的。"

男友的反应乍一看没什么问题，披着"关心和帮助"的外衣，但其实整个回应内容不仅隐含"你不好、你不行、你没实力"的人身攻击，否定女生的成就，把成就归因于运气，甚至试图挑拨女生对其他人的信任，让女生不敢再相信其他人的欣赏——男友暗示其他人的夸奖都是谎言，而更多人的沉默都是震耳欲聋的否定。

最终，男友不仅传达了"你不行"的意思，还传达了"我比你好""你只能相信我、靠着我"这样的意思。这样的互动如果反复发生，女生的羞耻感很可能会越来越强烈和泛化。

总之，要超越羞耻感，只靠自己是不够的。我们要主动觉察人际环境的影响，然后寻找甚至创造一个健康的、友好的人际环境并借助人际环境的力量帮自己超越羞耻感。

关于如何创造一个有助于自我发展的人际环境，我在第六讲中提到过一些方法，感兴趣的朋友可以回去看一看。

超越羞耻感的行动步骤

我在前面提到过，自尊本质上是一种感觉，这里要再补充一点。当自尊作为一个名词，是指我们对自我价值和能力的感觉，高自尊是觉得自己是有价值的、有能力的、值得被爱的。但当自尊作为一个动词，是指我们对自己的尊重和喜欢，是觉得自己值得拥有想要的生活，也能用行动来争取这样的生活。

在超越羞耻感的旅途上，我们首先可以做的是，一点一点做出自我尊重的行动来建立高自尊感，然后更进一步地建立自豪感。具体怎么做呢？接下来，我会结合我的咨询实践经验，和大家聊聊超越羞耻感的行动三步骤以及这三步行动具体应该怎么做。

第一步：寻求帮助

首先是寻求帮助，不要孤军奋战。改变要发生，支持系统很重要，比如家人、朋友和专业的咨询师等。

而疗愈羞耻感对于支持系统的要求，比其他心理议题都要高，因为一旦找错了人、获得了消极反馈，我们就很容易在自我保护的本能下对羞耻感绝口不提，甚至陷入更深的羞耻感。所以，要疗愈羞耻感，一定要谨慎选择倾诉的对象。

在没有找到可以信任的倾诉对象之前，更安全的做法是看别人的故事，从别人的故事中获得积极反馈。

比如，不少脱口秀也会涉及羞耻感的议题，像菜菜的月经羞耻、山河的身材焦虑等。那些场景化、带着幽默、夸张和自嘲的表演，在某种程度上也是我在第二讲中提到的叙事疗法，能够替代一部分心理咨询起到相应的疗愈和改变作用。

在这一过程中，我们隐秘的羞耻感被看见了，我们的认知也被调整了，我们能够意识到：感到羞耻，并不是我们的问题，是环境出错了。

第二步：自我对话，挑战羞耻感

上面提到的脱口秀中的自嘲，也正是超越羞耻感的第二步行动。因为自嘲其实意味着不再逃避羞耻感，而是试着进行自我对话，甚至像脱口秀里那样公开分享，大家一起守望相助。

关于自我对话，我举一个羞耻信号同时来源于原生家庭和恋爱关系的例子。

我有一位来访者，在这里称呼她为小蝶。小蝶一直觉得自己丑，在恋爱中，每次她表达情感或者性的需求时，男友经常对她说："照照镜子吧，你要是长得像高圆圆那样，我什么都愿意做。"她为男友花钱、花时间、做家务，结果男友不仅不珍惜，还在外面各种出轨。

小蝶来咨询的时候，一开始的诉求甚至是怎么应对那些找上门的姑娘们，因为她已经深深认同"自己丑、就该是这样的人生和恋爱关系，男友不离开就已经是幸运"。

我们花了很长时间去寻找她已经内化的羞耻信号，最后发现，"丑＝没人要＋必须过度的付出"这一点，是她的奶奶从小一直传达给她的："你长得不好看，要是还不会做家务就没人要了。"小蝶的妈爸一直在外面打工，奶奶是她最亲的人，也是对她最好的人。长大后，她践行了奶奶的告诫，在关系中总是付出很多。

当然，奶奶会这么说，小蝶还一直在强化这一想法，背后还有性别偏见文化的影响，这些我在第二讲中已经详细说过，这里不再赘述。

我和小蝶一起回顾了她的各种人生片段，识别出了让她产生羞耻感的信号。因为只有看清羞耻信号是什么，才能去质疑发出信号的人和环境。

当小蝶看见奶奶、男友和社会传递了"丑＝没人要＋必须过度的付出"这一羞耻信号后，她开始进一步反思这一信号。当她发现，这其实是性别偏见等社会文化带来的错误认知，发现信号背后的不同动机时，她意识到了"这不是自己的问题"。

奶奶会那样说是因为奶奶对自己的外表也感到羞耻，把人生的无奈和伤害归因到了自己的外表上，也因为奶奶关心小蝶，所以担心小蝶，在唠叨中想让小蝶尽早明白这一点，用更早、更好的行动来避免自己遭遇过的那些痛苦。

男友会那样说，是因为他既自私，又对自己花恋人的钱感到羞耻，于是合理化自己的行为。后来男友渐渐发现这么做很管用，于是开始把羞耻感作为一种控制手段。

从某个角度来说，奶奶和男友有意无意地向小蝶传递了他们自己身上的羞耻感，这本质上是环境带给他们的羞耻感，是他们自己的课题。

也就是说，小蝶的羞耻感，其实是从奶奶、男友和社会那里借来的羞耻感，现在她要做的是拒绝接收他们传递的羞耻信号，归还这些借来的羞耻感。

在讲完小蝶的故事之前，我想额外插播一点——不知道你有没有听说过冒名顶替综合征？这其实也与借来的羞耻感有关。

冒名顶替综合征，指的是即便在客观上已经取得了显著成就，但内心深处却始终觉得自己名不副实，仿佛是通过欺骗手段才获得了当下的成果，常常产生一种自己是冒牌货的感觉，并且伴随着强烈的羞耻感。

举两个亲密关系中的小例子。

小王和伴侣恋爱了，在外人看来，他们佳偶天成，生活幸福美满。可是，小王却常常陷入自我怀疑。每次亲朋好友夸赞他们是天造地设的一对，伴侣也在她身边一脸幸福的时候，小王总觉得自己是一个偷偷潜入幸福城堡的外来者，一旦被发现，就会被赶出去。

因为她觉得自己身上有很多不足，比如工作不够出色、性格有时也有些急躁，感觉自己是凭运气才有了这么好的伴侣，配不上这么好的关系和别人的夸赞。小王害怕随着时间推移，伴侣会慢慢看清自己的"真面目"，发现自己其实就是个冒名顶替了好伴侣角色的人。于是，在这段亲密关系里，小王总是小心翼翼、患得患失。

小林和伴侣相恋已经有一段时间了，看起来感情不错，相处也很融洽。但小林的内心感受却不是这样的。

因为小林和伴侣刚认识的时候，一直努力展现自己乐观开朗、充满活力、事事都能轻松应对的一面。他希望自己在伴侣面前是优秀的、完美的,伴侣也确实被这样的他吸引,深深爱上了他。

一开始交往不多,感情生活也倒轻松美妙。但后来,孤单和惶恐出现的频率越来越多。因为小林也有沮丧低落、脆弱无助、被烦恼压得喘不过气的时候。小林想和伴侣分享,却又不敢。他怕伴侣爱上的只是好的那部分自己,而真实的,也有很多缺点和情绪低谷的他一旦暴露出来,伴侣就会觉得他是个骗子,会不再喜欢他,甚至转身离开。

在上面提到的两个例子中,小王和小林对自我都有一种弥漫在内心深处的羞耻感,让他们很难相信自己是美好的、值得拥有美好的爱和人生,也没法全然享受这些美好。

但是,小王在亲密关系中大体上还是带着羞耻感做了完整的自己,她只是一直努力让好的那部分自己可以将功补过,让伴侣可以更幸福,然后自己默默忍受内心的煎熬。

而小林直接让自己认为的坏的那部分自己在亲密关系中消失了,错过了更完整也更真实的关系。在小林的亲密关系里,伴侣也越来越迷茫,总觉得自己没有走进小林的心里,慢慢地甚至觉得自己也不该把生活和工作中的坏心情带给小林,两个人都又想爱又爱不了。

无论是小王还是小林，他们都因为羞耻感而患上了冒名顶替综合征，无法在亲密关系中做真实的自己，给自己、伴侣和关系都带来了困扰。

除了亲密关系，职场中的冒名顶替综合征还会让一个人在取得成就时，无法真正享受成功的喜悦，也无法肯定自己的努力、能力和成就，反而陷入自我怀疑和羞耻的困境，以至于放弃争取原本应该属于自己的成果。

有冒名顶替综合征的人，大多生活在一个充满了耻感文化的人际环境中，更具体来说，他身边的人可能也是羞耻的，或者极度自恋来防御羞耻的，于是或者把羞耻感传递给了他，或者通过打压他来满足自己的自恋。尤其当他在取得成功时、表现出自豪感时，身边的人更会如临大敌，试图扼杀这种自豪感，唤起并放大他心里的自我怀疑和羞耻，就这样循环往复，导致了冒名顶替综合征。

如果你也是这样，除了归还这借来的羞耻感，还要试着用新的、积极的信号来替代旧的、让人羞耻的信号。

比如，我长得只是并非大众审美意义上的漂亮，有的人觉得我丑，有的人觉得我漂亮，我觉得我就是独一无二的自己，总有人喜欢，也总有人讨厌。

更进一步的，还要试着自我肯定，看到自己身上的闪光点。

我们说回小蝶的故事。

一开始，我和小蝶聊闪光点的时候，她总有很多"但是"——我工作认真又尽责，但是，这不是应该的吗？我工作成绩是不错，但是，其他人也能做到啊。我正直又善良，但是，我也没创造多大的价值啊。

说实话，从逻辑上来看，这些"但是"有一定的道理，有时候也是谦虚的美德。但差别在于，谦虚是指"我很好，你也很好"，或者"我很好，同时我也有不足，我还需要进步"。而羞耻感导致的"但是"，更像是乌云蔽日，完全否定了"我很好"的那一部分。

后来，我们就先聚焦小蝶的偶像，讨论偶像的闪光点。一个人会有自己特定的偶像，多少是和偶像有共鸣与相似之处。

小蝶滔滔不绝地说了很多，在轻松愉快的氛围中，我们再次加上了"但是"这个转折——主要是我来模仿小蝶的思维方式，加"但是"的内容，然后由小蝶来辩护。

比如，小蝶说："我的偶像为了更好的舞台效果，练习非常努力。"我说："但是，其他人也会这样啊，这不是应该的吗？"小蝶辩护说："但是他的心意和努力依然非常了不起。"

在这样不断重复"偶像辩护法"的过程中，小蝶坚定地认同了"他很好，不管怎么样他都很好"。

后来，她又花了近两个月的时间，写了一篇《我和偶像的相似之处》，把对偶像的自豪感迁移了一些到自己身上。之后，我们再直接聊小蝶自己的闪光点，就少了很多"但是"。

慢慢地，她也认同了自己"我很好，不管怎么样我都很好"。小蝶的自尊感提升了，身边的朋友也发现她变了，在她自己的努力和朋友的支持下，她也平稳地分了手。

回顾小蝶的疗愈过程，我们会看到，发现并面对"羞耻感"的过程，其实也是意识到"我很糟糕"是被植入的"信念"而不是"事实"的过程。

很多时候，我们认为的"事实"并不是客观事实，而是像小蝶的"我很糟糕"一样，是一种被植入的"信念"。要实现疗愈，我们不仅需要意识到这不是"事实"而是"信念"，还需要努力找到这一"信念"的来源和喂养这份"信念"的人、事、物，然后切断供养、消除不合理的信念、培养有利于自我的信念。

这一步并不容易，尤其是当这份"信念"来自原生家庭时。比如，我们之所以内化"我很糟糕"这一"信念"，有时候只是为了逃避面对"妈爸或者其他人对我不好，并不是因为我不好，而是因为他们不会爱我，也不关心我过得好不好"，仍然期待"他们是爱我的、关心我的"。而疗愈的关键也在于放下幻想、直面事实，也就是第一讲提到过的，当我们直面并放下对"被爱"的幻想时，我们才会获得更多的改变力量。

区分了"信念"和"事实"、放下了幻想以后，消解羞耻感依然要面对很多挑战。就如之前提到的，总有"但是"可以让"我很好"黯然失色。在消解羞耻感的过程中，两种力量会一直打架。这时候，我们需要借助更多的力量让"我很好"一次又一次地取得胜利。比如带有优势视角的自我对话，再比如专业的咨询师和我们的榜样偶像，等等。直到有一天，"我很好"之后跟的不再是"但是"，而是"同时"——"我很好，同时我也有缺点"——这才意味着真实和完整。

总之，对于自我对话、挑战羞耻感这一步，我们尤其要有耐心，可能需要好几个月甚至好几年，但是，只要我们的方向和方法正确，就值得坚持下去。

第三步：超越羞耻感

接下来的这一步其实是一个整体行动——先确定一个积极目标，然后采取实际行动朝着目标前进，并经常检查自己的进展。这么做是为了用自我尊重的行动建立自己的自尊，甚至自豪感。

关于自尊，美国心理咨询师约瑟夫·布尔戈（Joseph Burgo）在《超越羞耻感》（Shame）这本书中提出的一个观点我很喜欢：自尊是一项需要通过努力才能获取的成就，而不是心灵的"油箱"，等待外界的赞美将其填满。换句话说，自尊不是一种一劳永逸的结果，而是需要通过持续付出才能培养和维系的状态。

那么具体怎么做呢？我们还是以小蝶为例子。

在小蝶的价值观里，她依然觉得外表是重要的，只是她选择不再以外界的审美为标准。经过几次讨论后，她决定通过社交媒体学习化妆、衣服搭配等来提升自我形象。一开始也会"翻车"，有几次她走进咨询室，拿下帽子和口罩、脱下外套的时候，我和她都会有那么几秒的沉默，然后又一起笑出声。

很多人会以为设立目标是一个积极的、充满力量的人生时刻，其实不是。当我们设立目标，并决定全身心地投入时，这其实是一次冒险。冒险就意味着可能会失败，而失败往往会让我们感到羞耻，尤其当我们的确竭尽全力地去完成它时，遭受羞耻感的风险是巨大的。但是，这样的冒险和面对失败时的坚持，恰恰也是我们赢得自我尊重的最好的机会。

几个月后，小蝶"翻车"的情况越来越少，几乎脱胎换骨。小蝶本身的色彩感知力就挺强，妆容和搭配总能出其不意地让人眼前一亮。她爱照镜子了，也爱拍照了，同时，她对外界的赞美和批评都更平和了。她发自内心地认可了自己，也越来越爱自己了。

在这一过程中，小蝶收获的不仅是自尊，她还靠自己在各种失败中站了起来并赢得了成功，让她深深为自己感到自豪。而且，这种成功不是和他人的比较竞争，也不是世俗意义上外界标准的成功，而是属于她自己的成功。

一个人成功超越羞耻感有两个关键标志：一个是学会庆祝我们的存在，另一个是对自己的人生形成了积极的心理形象。

这意味着不再用"是否足够成功、足够优秀"和"是否符合他人期待和外界的标准"来定义自我价值，而是能够纯粹地因为"我存在"而感到安稳和喜悦。这种庆祝是对生命本身的全然接纳——允许自己真实，允许自己不完美，允许自己偶尔笨拙和犯错，坚信真实的自己值得被爱和尊重。

当我们用更真实、更完整的视角看待自己：既能承认局限，也能看到优势；既能接纳过去的脆弱，也能信任未来的成长。这时候，关于"自我和人生"的心理形象就不再是一种基于逃避或幻想的盲目乐观，而是一种深层的自我认可——认可自身的价值，也相信自我可以创造自己的人生和未来。

在小蝶的例子里，关注自己的需求和目标，适时表达并努力满足，便是一种庆祝。同时，她也在减少羞耻感、离开糟糕的男友和实践自己的审美这些经历中，体验到了自我的力量和人生的不同可能性，对"我值得、我也可以追求自己想要的人生"有了更多信心，这便是积极的心理形象。

希望小蝶的这个例子也能给被困在羞耻感中的你一些启发和信心，让你也想要行动起来，为不一样的人生再试一试，不为结果，只为探索自己的可能性。

庆祝成功，也庆祝失败

我们当下的社会环境对弱势群体来说并不友好，环境本身就在源源不断地催生羞耻感，告诉你"是因为你不好，所以你才得不到你想要的"，或者"是因为你不好，所以我才不给你你想要的"。但很多时候，事实并非如此。

对个人来说，时不时问问自己"我想要什么"至关重要。在明确了自己究竟想要什么之后，用智慧、用勇气去选择并争取自己想要的——这个过程既是高自尊的表现，也是获得高自尊的途径。

当然，选择了、争取了，就一定会有"成功"或"失败"的结果。如果我们能像庆祝"成功"一样，去庆祝我们的"失败"，庆祝自己或者他人"失败"背后的勇气、努力和智慧，我想，这既能减少我们自身的羞耻感，也能缓解他人的羞耻感，还能让我们的人际环境变得更人性化、更友好。

就如这一讲反复提到的，羞耻感从环境中来。要减少羞耻感，最根本的还在于建设一个对所谓的"失败者"、对弱势群体更包容、更友善的环境。

我们或许无法在短时间内彻底改变大环境，但可以从对自己、对身边人更包容、更友善开始，一起来努力塑造更好的环境——主动参与创造理想中的环境，这也是一种对羞耻感的超越。

08

获得自在

在冲突和被凝视中，如何维护主体性？

　　这一讲，我们来聊聊冲突。很多时候，我们会以为"因为不爱了，所以冲突越来越多"，或者"因为冲突越来越多，所以不爱了"。但换个角度来看，冲突是"爱正在存在"的迹象，也是"爱可以发展"的契机。

　　为什么这么说呢？在亲密关系中，冲突是双方正在争夺做自我的权力和空间。当一个人爱自己，就会更有勇气为了自己的权益直面冲突。当两个人都确信彼此相爱着，两个人也都会更有勇气直面冲突，因为他知道这并不会立刻导致关系破裂，他也相信如果对方明白这种冲突是为了幸福，对方会理解，也会在冲突中尝试更好的沟通。

　　和爱是一种能力一样，冲突也是一种能力，接下来我们就来展开聊聊，如何更好地应对冲突。

重新认识冲突

对冲突的误解

冲突其实很常见。美国心理学教授罗兰·米勒（Rowland S. Miller）在《亲密关系》（*Intimate Relationship*）一书中指出，研究调查发现，情侣每周会发生 2.3 次冲突，已婚伴侣每两周就会发生 7 次难忘的"意见差异"，每个月经历 1 ～ 2 次"不愉快的争论"，而更重要的是，许多冲突从未得到真正的解决。正因为冲突如此高频，厌恶冲突的或者实在没时间和精力解决的，会选择忍耐，期待忍一时风平浪静，退一步海阔天空。于是，40% 的恼火根本没有被表达，就这么忍了下来。但要注意的是，研究发现，受到婚姻困扰却不能畅言的中年妇女，相比能直言不讳的，未来十年内死亡的可能性高达 4 倍。也就是说，为了自身的健康，忍并不是上策。

我在咨询中观察到很多人一直在本能地认为"冲突是不好的"。于是，在亲密关系中，每当和伴侣产生分歧，或者用沉默来回避冲突，或者用阳奉阴违来遮盖冲突。他们有的担心"冲突会破坏关系"，有的抱有"挑起冲突的人是在制造麻烦"这样的偏见，还有的秉持着"及时行乐，躲一天是一天"的想法。

但是，就如这一讲开篇提到过的，好的冲突其实是双方表达真实想法和需求、增进彼此了解、改善关系质量的机会。一些人正因为重视关系，希望通过解决问题来让关系更好、更稳固，于是主动挑起了冲突。

很多时候，糟糕的并不是冲突本身，而是冲突发生时双方的处理方式。比如，因为去哪里旅游而发生争吵，如果有更多的倾听与合作，而不是"你不爱我、你不懂我"这样的指责，那么旅游就有机会取得共赢的效果，即使有一方退让、做出了牺牲，彼此也有机会用新的事情弥补这一方，让感恩和公平得以在关系中存在。

亲密关系中的"冲突"

在心理学中，对亲密关系中冲突的定义是，当个体的动机、目标、信念、观点和行为妨碍别人或与别人矛盾，就会发生人际冲突。冲突产生于差异，既可能表现为一时的情绪，也可能表现为持久的信念和人格。

接下来，我们用一个真实的案例来深度理解下这个定义。我有一对伴侣来访者，他们的某次冲突是这样的：

有一天，他们要去参加男方老同学的聚会。出门时，男方穿了双白袜子，女方提议改成黑色的，但男方拒绝了，这时候双方情绪还比较稳定。

接着，女方说："不行，你这裤子颜色深，

怎么能穿白的，赶紧换。"她虽然有点着急，但还在努力解释。男方也有点急了，说："不换，露不出来。"又加了句："别烦了，赶紧走，要迟到了。"这后半句彻底点燃了战火。最后，男方一只脚穿着白袜子、一只脚穿着黑袜子去参加了同学聚会。

在这场冲突中，他和妻子都借用一只袜子履行了自己的意志。

现在我们来根据冲突的定义分析一下这个案例。
男方视角：

- 动机：维护自主权（拒绝被过度干涉）+ 时间焦虑（避免迟到）
- 目标：快速完成准备，避免因琐事耽误行程
- 观点：白袜子与深色裤子的搭配不影响整体形象（因袜子露出面积小）
- 信念：伴侣不应过度要求改变个人习惯 / 外表细节不应成为优先级
- 行为：穿白袜子

女方视角：

- 动机：维护共同形象（担心被同学评价）

+ 追求审美一致性

- 目标：确保男方穿着符合社交场合规范
- 观点：深色裤子必须搭配深色袜子（色彩协调性原则）
- 信念：外表细节反映个人修养，伴侣形象代表家庭整体形象
- 行为：要求男方更换为黑袜子

而"别烦了"之所以会点燃冲突，是情绪爆发，也是长期积累的结果。在他们的长期相处中，女方接管了丈夫衣食起居的方方面面，她希望这种付出和价值得到丈夫的认可。男方一开始觉得很开心，但时间一长，他觉得自己怎么什么事都要听妻子的，以至于只要妻子一管他，他就有压力和厌烦。所以，男方的"别烦了"这句话带有强烈的烦躁和指责情绪，挑起了双方的情绪。

这场冲突的背后既是"累积的情绪"，也有双方"持久的信念和人格"。女方其实在方方面面都有比较强烈的完美主义倾向，在她对于爱的理解中，爱是照顾对方的衣食起居，是自己力争完美，也是帮助对方达成完美。而男方从小就生活在一个主张"以和为贵"的家庭里，他的原生家庭从来不谈论任何"不满"，至少他从没听母父在他面前表达过任何不满，更不要提吵架或其他冲突了，这隐约让他觉得表达不

满是对爱的背叛，于是他心中的亲密关系应该是时刻和谐的，哪怕有不满，他也压抑在了心里，但压抑还是迎来了爆发。

后来，在他们各自努力获得了个人成长后，这样破坏性的冲突减少了，冲突后建设性的行动和改变增加了。

我们说回冲突和不爱了。不爱了确实会导致更多的冲突，因为不爱所以只想自私地做自己，当两个人都如此，差异必然会导致冲突。

但冲突本身不一定会导致不爱了，很多时候是破坏性冲突中的指责和攻击扩大了关系的裂缝——比如，"别烦了"这句话就是一种指责。指责常常让人感觉携带着"不爱了"的信号，遭受指责的这一方既可能感觉自己不再被爱了，也可能在认同指责的内容后变得"不爱自己"了，于是，不仅关系中的爱在消失，对自己的爱也在消失。

冲突中的指责

"你太敏感了"——为了避责和控制的指责

接下来我们重点来聊聊指责。

有一种指责，经历过职场或亲密关系 PUA 的人可能很熟悉，就是对方指责你"你太敏感了"。这种指责也经常发生在出轨事件中，被出轨者察觉了什么，结果出轨者不仅不反思认错，反而倒打一耙："你整天想东想西，你太敏感了。"即使出轨证据已经铁证如山，出轨者还是继续指责："都是你整天邋里邋遢的。""都怪你在事业上帮不上我。""你整天家长里短的，我跟你没共同语言。""你太自我了，一直融入不了我们家。"……

这些指责暗示着一种隐藏的因果关系，那就是，"因为你自身有缺陷，所以你认为的都是错的"以及"因为你太糟糕了，所以发生了这一切"。这些本质上都是在转移焦点，让人忽视真正的错误以及有错之人，也就是说，这样的指责是为了避责。

除了"你太敏感了"这样为了避责的指责，还有很多指责也是为了避责。其中攻击"人的不完美"相对更常见，也更容易让我们陷入自责。

我们来看一个真实的小例子。

有一个叫小数的男生，他在高三时懵懂地喜欢上了同班的一个女生，于是时不时去找她聊天。小数发现女生想要提高数学成绩，他就给女生整理笔记、讲解数学题，两个人还约定好要考同一所大学。

小数本以为高考后，他们有机会开始恋爱。然而突然有一天，小数听到女生跟自己的闺蜜说：

"他又黑又胖又丑又矮，谁要和他谈啊，我只不过是吊着他，让他帮我学习，给我讲题罢了。等我高考考到 600 分，一脚就给他踹一边去。"小数太震惊了，后来很长一段时间，他都在想自己身高 180、体重 71kg，不胖不矮，也许是黑了一点，但也不丑啊。

女生这种指责的背后其实也是为了"避责"。她真正在暗示的其实是："我利用他但不喜欢他都是他不好、他的错，如果他很帅，我才不会这么对他。"再简短一点："我对他这么过分不是因为我不好，是他自己不好。"更简短一点："我不喜欢他（但利用他）都是因为他不好。"

可是，一个人好不好和是不是会被人喜欢其实没有直接关系。相比于因为你很好所以我喜欢你，更常见的是，因为我喜欢你所以觉得你很好。反过来也是一样的，被讨厌也不意味着你不好。

这个案例里的女生只是想通过指责小数来推卸责任，让自己显得不那么糟糕——没有人是完美的，当一个人想避责，总能找到一些理由来指责对方，尤其是像性格、外表这样充满主观喜好的领域。

除了避责，还有些指责是为了更容易控制对方。比如，一些家长经常指责孩子"不乖、不懂事"，但实际上这不是事实。孩子只是做了一些家长预期之外的事情，就像完成作业以后没有接着学习，而是听了一会儿音乐；又或者孩子只是没有完全按照家长的话行事，就像家长说只能和成绩好的同学交朋友，但孩子并没有以成绩为标准建立友情。

为了控制做出的指责并不是因为你做错了什么，而是为了让你完全听他们的话、按他们的标准来做事。有的控制背后其实也有爱，只是爱的方式不好；有的控制背后是自私，单纯是为了满足自己的目的。

总之，当动机是避责和控制时，指责会比"摆事实、讲道理"和"鼓励、夸奖"要有效得多。因为这既转移了我们的注意力焦点，让我们按他们的标准来审视甚至指责自己；同时，被指责所引发的羞耻、恐惧等情绪还会限制我们维护自身权益、争取更多自由的意识和动力，这都会让控制变得更容易。

所以，任何时候，面对别人的指责，我们第一时间要做的并不是听对方说了什么，而是思考对方为什么这么说，也就是对方的动机是什么，他正在以什么方式做到具体的哪些"趋利避害和享乐主义"。

善意动机下的指责更值得我们的关注和思考，比如，同样是针对外表的指责，如果对方说的是"你超重了，这样下去很容易生病的"，这背后是关心，值得我们用心听。

"你不向着我"——错位的指责

接下来，我们来看看一种由我们自己发出的指责——"你不向着我"。来看一个具体案例。

小雨最近加入了一家创业公司，老板兼合伙人是一个要求颇多且十分严厉的人，批评人的时候话说得比较重。而小雨在原生家庭里曾长期遭遇语言暴力，于是一开始他还能做到忍耐老板的批评，但后来他实在忍不了了——每当老板批评他，他就直接离开公司、在周围找家咖啡馆坐着。坐在咖啡馆的一两个小时里，他什么消息也不回，什么电话也不接，甚至给同事的工作也造成了困扰。

小雨回家后和伴侣小阳抱怨老板天天攻击他，小阳倾听了他、安慰了他以后，小心翼翼地观察到小雨的情绪平稳了下来，然后斟酌着措辞跟他说："你看，你是这家公司的合伙人，公司好，你也有收益。老板他的确不对，但工作时间直接消失对其他员工会不会不太好？可能会影响他们的工作热情，还会影响工作进度。"——小阳会如此小心翼翼地遣词造句，是因为小阳已经察觉到在他们的亲密关系中，小雨好像听不得一点批评。

意料之外又意料之内，再一次，小雨听完小阳的这些话，直接愤怒地大吼道："你不向着我！"

这一来，焦点硬生生从"就事论事"转移到了"对人不对事"上，原本是在讨论"工作时间人消失了"这个行为，现在直接错位到了"站队"问题上。

在生活中听不得批评，或者把批评与夸奖等同于站队的人也并不少见，这种错位的指责不仅容易让当事人错失改变和成长的机会，时间长了，还会破坏各种长期关系，尤其是深度的长期关系——因为磨合中必然包含批评，批评如果能带来积极调整，关系质量才能提升。

我们说回小雨。

一段时间后，老板坚决让小雨退出了公司，小雨遭遇这个重大挫折后终于开始反思自己。

他回顾了自己的成长经历，察觉到"你不向着我"这种指责也经常发生在他的母父之间，经常是母亲对父亲的，尤其在婆媳关系的事情上，母亲经常指责父亲"你不向着我"。小雨还察觉到自己对父亲和奶奶爷爷也曾经常爆发这样的指责，每当父亲带着他回奶奶爷爷家，明明每次都是奶奶爷爷偏袒堂弟，父亲却只批评他；每当小雨在学校和同学发生冲突，不管是谁的错，父亲也只批评他，后来母亲也和父亲一样只批评他。

所以，"你不向着我"既是小雨极其熟悉的语言库，也是小雨一直无法释怀的控诉，以至于"批评"会直接触发他的自动反应，让他爆发"你不向着我"这样的指责。这背后还藏着他对爱的渴望，他不想要理性的公正，他想要毫无理由的偏爱——就像他曾深深嫉妒的堂弟拥有的那种偏爱。

他也明白了自己的父亲其实也一直想要获得奶奶爷爷的肯定和喜爱，以至于牺牲自己和家人来讨好奶奶爷爷。父亲和母亲都太希望孩子能让他们扬眉吐气了，以至于总是以完美主义来要求小雨，接受不了小雨犯一点错；而且小雨的任何不完美都可能变成奶奶爷爷对母亲父亲的攻击，或者变成父亲对母亲的攻击，于是母亲和父亲对小雨的苛责愈演愈烈。

当小雨意识到了"你不向着我"背后的故事、动力和需求，小雨对这句话也有了更新后的更立体的认知。后来，他偶尔还是会在遭遇批评后脱口而出"你不向着我"，但他能在情绪平稳后对批评的内容进行思考了，也会说些什么、做些什么来让关系变得更好。

"你看不到我的情绪"——跨越时空的指责

下面我们来聊聊另一种由我们自己发出的指责——"你看不到我的情绪"。这样的指责常常是对恋人、对妈爸的，也就是那些我们亲近的、期待并认为应该或正在爱着我们的人。

我们来看一个真实的案例，来自我的一位来访者小默。

小默和男友恋爱两年了。小默敏感细腻，而男友粗糙木讷。一开始，小默很喜欢男友粗糙时的松弛感，也喜欢男友木讷带来的安全感，但后来，他们开始越来越多地爆发冲突，冲突的开始经常是小默对男友的指责："你怎么看不到我的情绪？！"

比如有一次，小默加班回家后发现男友正在打游戏，她瘫在沙发上叹着气说："今天甲方又让我改了三次方案……"小默还没说下去，男友头也不抬地说了一句："他们毕竟是金主，习惯就好。"

小默本来只是郁闷，男友的表现和话直接让她内心涌起一股怒火，她突然提高音量："这道理我不懂吗？！你怎么看不到我的情绪？！你就天天打游戏，你根本就不爱我！"

这样的冲突一直在重复，不仅重复发生在小默和现在的男友身上，在之前的恋爱中也一直发生这样的冲突。当我们一起回顾这些经历时，小默发现，恋人们对她其实有过很多爱的行动，对她是有爱的。现在的男友也并没有"天天打游戏"，男友在家务、娱乐和交流上也做了很多，彼此间的情绪交流也不少。所以情绪平稳的时候，小默是满足的，但只要一发生自己的情绪不被看到的情形，小默的内心就控制不住地爆发嘶吼："你看不到我的情绪！你不爱我！"

后来，小默渐渐看到，她真正想嘶吼的对象其实是她的妈妈和爸爸。小默的原生家庭没有发生什么严重的不幸，但她的妈妈爸爸因为忙，再加上养育意识和知识的欠缺，对小默更多的是衣食起居和学习上的照顾，没什么情绪上的关心，也很少交流其他事。

小时候，她也曾活泼地和妈妈爸爸说话，但他们或者心不在焉，或者敷衍两句就直接走开了，后来她越来越沉默，所有心事都努力自己一个人消化。感受上，她觉得妈妈爸爸不爱自己；但理性上，她一直在说服自己：他们已经很不容易、很努力了，我应该靠自己解决——她压抑了内心的失望和不满，后来，这些都积累成了更强烈的愤怒。这也是为什么当她在亲密关系中遭遇"情绪忽视"时会爆发指责，这是一次次跨越时空的联合指责。

在我们还是个婴幼儿的时候，当我们饿了、冷了热了、难受了时，我们会通过哭闹表达我们的需求，养育者看到我们的情绪后，会猜测我们情绪背后的需求，然后满足我们——这个过程便是我们最初的"感受被爱"的经历，也是我们建立安全感的起点。换句话说，情绪被关注是孩子的情感特权。

在期待对方看到自己的情绪这件事上，婴幼儿时期是最重要的窗口期。这既是因为情绪关乎我们的生存——情绪的确很重要，也是因为这个阶段的情绪解读相对更简单，满足起来也相对简单——当重要养育者对婴幼儿关心且耐心，几番尝试后大多都能找到情绪背后的需求。

如果婴幼儿时期没有得到这样的关注和满足，长大后也总是遇到像小默这样的忽视，就很容易积累和爆发"你看不到我的情绪"这样的指责。

更关键的是，由于从小经历着"情绪忽视"，会让人形成"情绪表达"上的习得性无助，也就是觉得表达情绪没有用，于是想不到也不习惯表达情绪。但情绪还是会通过其他方式释放，被爱的渴望也依然在，于是我们就会期待对方能看到自己的情绪。这时候，能遇到主动关注我们情绪并猜测我们情绪背后的需求的爱人固然很幸运，但我们也需要自己承担起"表达情绪"的责任。

说回小默。小默其实已经在尝试表达，只是还不够明显。后来，我们一起试着用"我现在很 ×× （情

绪感受）+ 我经历了 ×× + 我想要 ××（对对方的期
待）"这样的内容结构来练习新的表达，她和男友的
冲突减少了不少。

再后来，当一次又一次"情绪被关怀"的经历发
生后，新的记忆也让小默在遇到"情绪忽视"时不再
那么容易情绪失控，而是可以带着情绪尝试换一种方
式来表达。让她惊喜的是，在这个过程中，男友的表
达也变了很多，他们的交流也有了更多的交心。

内心的冲突

被凝视的影响：习惯站在别人的角度审视自己

在上面提到的几个案例中，除了表面的冲突和指
责，这些冲突之所以会让他们感到困扰，很大程度上
是因为他们内心也存在冲突，外部的冲突激发了他们
内在的自我审视。

审视本身原本可以是建设性的，是自我觉察和反
思的一部分。但有一种自我审视却是消极的、压力重
重的，那便是习惯站在别人的视角来审视自己，用别
人的评价标准来评价自己，发现自己不符合别人的期
望和标准时就会陷入自我攻击——上一讲提到的"羞
耻感"也是这样的产生过程。

从小生活在"被凝视"的环境中很容易形成这样的自我审视习惯——"被凝视"是指个体在一些特定关系和环境中感受到持续的外部关注与评判压力。

以原生家庭为例子。当家长长期以"为你好"的名义过度干涉孩子的生活（比如偷看孩子的日记、帮孩子选专业、替孩子决定婚恋对象和时间等），再加上家长对孩子的诉苦（比如我为了你放弃了事业、为了你吃了很多苦等），孩子出于压力和愧疚感很可能会形成"我必须符合期待"这样的认知模式。

在原生家庭里，长期的"被凝视"可能会导致两种看起来截然不同的行为模式：一种是直接臣服于家长，按家长的标准甚至超越家长的标准来过度自我审视，行动前反复预判家长的想法，行动后渴求家长的关注和肯定，在整个过程中很少关注自己想要什么、自己的感受是什么。另一种是通过叛逆行为来对抗被控制的焦虑，寻求自我意志的实现，但这些叛逆本质上依然处在以家长的标准为评价的框架之下。另一方面，"被凝视"的环境也意味着权力不平等，处于权力低位的孩子不仅没有机会，也没有心理空间发展独立的自我，很难形成自己的价值观和稳定的自我认同。

除了原生家庭，性别偏见和优绩主义的环境同样也是"被凝视"的环境。在这些环境中，越是权力低位方，越有可能习惯站在别人的视角审视自己，这个习惯由于关乎生存，也有太多与喜怒哀乐有关的情绪记忆，调整起来会很难。

神经科学研究发现，长期处于"被凝视"的压力之下，负责高级认知和自我反思的前额叶皮层这一脑区会出现活动抑制。这种抑制状态会让个体更倾向于依赖外部的期望和标准，注意力渐渐从"自我发展的可能性"转向"维持良好的评价"。行为的动力不是出于内在成长的需求，而是为了维持"被认可"的自我形象，哪怕是虚假的——而这也正是第二讲提到的"固定型思维"的特征。

更严重的影响：逃避主义和自毁倾向

固定型思维虽然不那么好，但不管怎样，固定型思维依然有"认可"的需求，只要这种需求在，就有机会转化背后的动力，找到属于自己的期待和标准。在"被凝视"的压力下，更麻烦的状态是陷入逃避主义和自毁倾向中。

《运气的诱饵》（*Addiction by Design*）一书的作者娜塔莎·道·舒尔（Natasha Dow Schüll）深度访谈了多位博彩行业的从业人员及赌博者个体，其中一位叫莫莉的赌徒告诉她："有一点很多人总是不明白，我赌博不是为了赢钱，而是为了继续玩下去，为了待在机器的迷境里，把其他一切都忘掉。"

除了赌博，酗酒、游戏等上瘾行为也是相似的逃避主义，这种沉浸式的活动仿佛给外在的一切都按下了静音键或暂停键，甚至模糊了一个人本身的存在感——当他们不再体验自身的存在时，"被凝视"所造成的一切也就全部消失了。

除了逃避主义，自毁倾向也是对"被凝视"的一种抵抗，比如，"破罐子破摔"的心情、故意搞砸重要的工作、故意和糟糕的人婚恋等。一个人长期处于被凝视的压力环境下，大脑会将外部批判内化为持续的自我批判，于是内心总在经受着"我不够好"这一想法带来的折磨，这种持续的、毫无解脱希望的焦虑会转化为自我惩罚的冲动。

另一方面，自毁也是对凝视方的报复。看起来是自我伤害，实际也是在用糟糕的表现和后果告诉对方"你失败了，你控制不了我了"。如果说逃避主义是躲开凝视进入迷境，那么自毁倾向就是用核弹摧毁凝视标准下的一切。

重置内心的冲突：找回主体性的自在

怎么办呢？

长期处于被凝视的环境中会渐渐模糊自己的主体性，甚至造成一些创伤。关于如何应对这个过程中产生的创伤、羞耻感和压力等，之前几讲对相关方法已有所涉及，这里我想补充一个长期被凝视之后所产生的可能看起来不那么糟糕但确实会干扰我们培养自身主体性的现象——蔡格尼克效应。

"蔡格尼克效应"是由苏联心理学家蔡格尼克(Bluma Zeigarnik)发现并提出的。在一次实验中，她让被试者去完成一系列的任务，其中一些任务能顺利完成，一些任务会被各种原因中途打断。实验结束后，被试者被要求回忆他们做过的那些任务，结果发现被试者对那些未完成的任务更"念念不忘"，回忆的动力和效果都要明显优于那些顺利完成的任务。

蔡格尼克效应在生活中很常见。比如，遭遇分手后对对方的念念不忘，可能并不是因为还喜欢，而是蔡格尼克效应带来的"对于未完成的执着"。

在被凝视的环境中，我们会因为外界的期待和标准产生各种各样的目标，有一些达成了，而那些以变幻莫测又充满主观性的完美标准为衡量的目标，它们永远只能追求，而不可能被完成——这对我们来说就像一个个未完成的任务，在蔡格尼克效应的影响下，它们可能会在我们的脑海里不断盘旋，让我们以为我们"想要"完成那些目标，给那些目标一个完美的结局。

为什么会这样呢？

当我们决定开始做一件事情时，内心就会产生一种想要达成目标的驱动力。这种内驱力会让我们集中注意力、投入精力去努力实现目标，这时候，心理张力就形成了。心理张力就好像被拉伸着的弹簧一样，不断积蓄着能量。在任务进行的过程中，心理张力会持续存在，当任务顺利完成，就像弹簧被释放一样，心理上的紧张状态会得到缓解，我们会感到轻松和满足。

但如果任务被中断或者未能完成，心理张力就无法得到释放，这种未释放的紧张状态可能会让我们的大脑持续关注与这个任务有关的人和信息，简单来说，就是让人"放不下"——比如，原生家庭造成的"被凝视"，哪怕你在理性上已经明白期待不合理，这种未完成的状态带来的心理张力依然会发挥作用。

第三讲谈论权力时提到，权力越强大，就越悄无声息甚至披着"自由""成功"和"意义"的外衣运作。蔡格尼克效应也是其中的一种运作机制。

所以，当你已经察觉到自己身上有"被凝视"的影响时，有一点很关键，那就是，训练自己放弃的能力，也训练自己能够什么也不做的能力，让自己保持"空"的状态。像冥想、正念等都是可以借鉴的练习方法，或者每周给自己设定几个小时的"空时间"，让自己从繁忙的未完成中暂停下来。

但在这个快节奏且充满各种信息的时代，要什么也不做、在心灵上真正放空并不是一件容易的事。

你可以尝试冥想。找一个安静舒适的角落，让自己舒适地坐下或躺下，轻轻地闭上眼睛，将注意力集中在自己的呼吸上。当杂念出现时，不刻意驱赶它们，而是以一种旁观者的视角去观察，任由这些想法在脑海中浮现又消逝，不评判、不执着，让内心平静下来，进入一种放空的状态。

你还可以尝试正念，尤其是在日常的一些简单活动中融入正念。比如，吃饭的时候，细细地品味每一口食物的味道、口感，感受牙齿咀嚼食物的过程，体会食物在口腔和喉咙中移动的感觉；走路的时候，留意脚下的每一步，感受脚掌与地面接触的压力变化，体会身体的重心转移。通过这些尝试，专注于当下的每一个瞬间，排除外界的干扰和内心的杂念，让自己的身心得到放松和舒缓，从而达到一种"空"的状态。

除了冥想和正念，你还可以为自己设定专门的"空时间"。比如，在每周末特定的几小时里，放下所有的工作、学习、家庭事务，关掉手机、电脑等电子设备，避免外界信息的干扰。你可以选择在一个阳光明媚的午后，走进公园，静静地感受阳光洒在身上的温暖，聆听身边鸟儿的鸣叫；或者在一个宁静的夜晚，坐在窗边，望着夜空，让思绪自由飘荡。你也可以完全什么都不做，只是静静地发呆，让大脑从具体的事务中暂时解脱出来。

"空时间"对于"上有老，下有小"的中年人来说很稀缺，但很多人又恰恰是在婚恋生育后才体悟到自身存在的各种创伤。这时候，如果两个人彼此相爱，也希望对方能更自在、更幸福，互相为彼此创造"空时间"也是一种珍贵的爱的行动。

当"空"的状态越来越常见，也越来越稳定的时候，在平和的心境下再给自己选择你真正想要的目标，也就是出于自主动机下的目标。对于这一点，我们将在下一讲详细展开。

冲突也是爱的能力

关于冲突和爱，最后和大家简单说两点别的。

在我们的社会环境中，大部分人从出生开始就不断地在被"分类"，比如男性和女性、长辈和小辈，等等。分类很容易让人形成"我们、你们和他们"的割裂，让交流减少、误解增多，这对爱来说并不是友好的环境，冲突也会增加。

更麻烦的是，很多分类不仅是分类，还包含等级的划分，等级的划分很容易造成更多的压制和剥夺，结果，在权力的阴影下，爱濒临消失，冲突也容易进一步升级。

一开始，我们进行分类和划分等级可能只是为了更好的关心、管理和效率，但人性的阴暗面会放大自私和欲念，渐渐背离曾经的初心。当资源稀缺，世界环境也并不和平友善的情况下，分裂和冲突可能会越来越多、越来越严重，爱也会变得越来越艰难、越来越难得。

另外，我们在一生中需要做出无数的选择。在亲密关系中，无论是和伴侣还是和孩子，我们不可能在所有事情上都不谋而合或者愉快地达成一致，尤其当信念、价值观和行为模式存在比较大的差异时，冲突发生的概率就会更大。也就是说，对于深度且长期的亲密关系来说，更好的爱与被爱经常需要通过建设性的冲突来实现。

但是，尤其对爱的安全感不足的人来说，很容易将分歧误解为关系破裂的信号，或者将冲突等同于被拒绝或抛弃的前兆，对于关系中的不确定性和差异会更为敏感。这就可能会在压力与情绪影响下采取两种自动反应：压抑自己的需求来维持表面的和谐，也就是直接回避冲突；或者以破坏性的方式表达不满（比如指责、攻击、抱怨等），试图通过控制对方来获得安全感。

而如果关系的双方都能在面临冲突时，不再仅仅关注冲突本身，也把冲突看作彼此想要在差异中寻求爱自己与相爱的平衡，就会让两个人更有可能达成某种程度上的一致，还能深化理解、增强情感联结。

很多时候，我们谈论更好的爱和相爱，总是在关注更好的沟通、关心和给予，但其实培养冲突的能力是更为重要的，无论是爱自己还是爱他人。每一次成功的冲突管理，都在加固关系的韧性，让两个人在差异中既能保持自我，又能有更相爱的我们。

　　希望这一讲能给大家一些启发，不再只把冲突视为"不爱了"，也把冲突视为"爱的能力"和"爱的契机"。

09

重建自我

分手如此痛苦，怎样才能好好地走出来？

　　分手不仅是一次感情危机，也是一次关于"自我和爱"的危机。换句话说，分手是各个维度的"不爱了"。不过，另一方面，"不爱了"的背后也是"爱过"。这一讲，我们会聚焦"分手"这个场景，聊聊分手后的人生低谷指南，以及我们该如何在"爱过"中找寻意义。

　　五年前，我写作并出版了《分手心理学》。这本书出版的时候，我31岁。29岁那年，我遭遇了未婚夫的出轨，走向了分手。当时我还在读博，母亲也重病初愈。有调查研究发现，被出轨、分手和读博都是抑郁、焦虑高发的场景，多重重压之下，即使我有心理学专业的知识背景，也有疗愈相似经历的来访者的经验，却还是抑郁了。

回想起来，那段日子仿佛沉溺在水下，又仿佛被困在一片被迷雾笼罩的森林里。庆幸的是，专业知识和经验让我避免了二次创伤，也让我更快地从阴霾里走了出来。

当时，我曾在微博和朋友的播客分享一些经验和想法，后来还收到很多网友的求助私信，好些都句句泣血。那时候我就在想，如果他们能更早、更便捷地获得知识和陪伴，或许人生可以不一样。

在这样的契机下，我写了《分手心理学》，希望这本书可以在第一时间把专业知识和陪伴给到那些因为分手或其他形式的感情破裂而痛苦的人。换句话说，写作《分手心理学》的起因，是我遭遇的、很多来访者和朋友们遭遇的"不爱了"，目标却是在痛苦里把爱和意义找回来。

如果把这本书和过去的经历比作一张地图，过去的我仿佛人就在这张地图上，还是一个游历者和记录者。几年之后，再回看这本书和这段经历时，我仿佛跳了出来，能一边变换地图，一边再次观察这张地图，换了视角、换了人生版图之后，我也产生了一些不一样的感受和领悟。

在这一讲，我也希望和大家一起重新思考分手，重新认识自己，也重新认识关系，为自己的人生创造更有力量的爱和意义。

分手，是一面破碎的镜子

一段关系的破裂之所以让人痛苦，不只是因为伤害，还因为爱过。

这"爱过"里有我们的天真与憧憬，有毫无保留的付出和信任，有情到深处的牺牲和依赖，还有曾经把对方视作人生的那份执着。关系破裂，无异于一场心理世界的天崩地裂。

从情感账户的角度来看，过去相爱的你们曾不断地往彼此的情感账户里储蓄关心、陪伴和爱意，其中也包含着你的期待和安全感。当分手发生、关系破裂，整个情感账户就好像突然被清空了，你失去的不只是一个人、一段关系、一种未来，也失去了心灵寄托和安全基地。

从认知失调的角度来看，自我是记忆，也是故事，你们的爱和关系曾经构建了一整套关于爱和人生的积极的认知体系。当分手发生、关系破裂，故事和认知体系都被打破了，这会给人带来严重的失调感和内心冲突，过往的一切也从爱变成了质疑的利刃。

从心理创伤的角度来看，越是毫无保留地投入和付出过，自我认同就越是与一段关系深度绑定，分手的创伤也就越深、越重、越痛。因为分手发生、关系破裂，就好比将自我硬生生地撕成了两半，会让人持续陷入创伤后的应激状态，不敢再触碰爱，也不愿再相信爱与被爱。

看到这里，你会发现，在心理层面，分手对不同的人、不同的关系来说，挑战维度和强度都不一样，因为每个人的安全基地、认知体系和自我等与亲密关系绑定的程度不一样，每一位前任、每一段关系给的信息和反馈也不一样。

当一个人的人格和心理都稳定又独立时，分手造成的痛苦会比较有限。而且，如果一个人在一段关系中被真正地看见过、接纳过和爱过，也真正地看见过、接纳过和爱过对方，这就好比自我的一些部分被对方点亮过，自己也曾点亮过对方。那么即使分手了，两个人其实都变得更完整了，也成了更好的彼此。于是，痛苦消散之后，留下的更多是自豪、意义和感恩。

这也是为什么我在《分手心理学》里指出，亲密关系是一面镜子，会照出一部分自我的样子，镜子破裂时，碎片也会把一段感情和自我本来的样子折射出来，是极佳的探索自我和创造自我的机会。

如何在碎镜中重识自我与关系？

什么是感情和自我本来的样子呢？又怎么通过分手这件事来探索自我呢？

不同依恋类型的分手表现

第五讲讲到安全基地时，介绍过不同的依恋类型在亲密关系里不同的状态和表现。在分手这件事情上，不同依恋类型人的感受和表现也不一样。我们在这里主要来看安全型、焦虑型和回避型依恋人的感受和表现。

安全型依恋人的安全基地稳固，不依赖感情关系。所以，分手并不会摧毁他们对爱的信念和继续去爱的勇气。他们往往拿得起，也放得下。对安全型依恋的人来说，分手是一种选择、一段经历，他们对未来人生的憧憬并不会因此受巨大的冲击。

但焦虑型依恋的人不是这样。他们在感情里常常患得患失，极度渴望伴侣的关注和回应。这些可能都加速了分手，而分手又会让他们陷入更大的崩溃。

分手后，他们很可能会不停地给对方发消息，反复地回忆过往的点点滴滴，想要找到"爱还在"或者"爱消失了"的证据。哪怕对方已经明确表示不想继续了，他们也很难接受这个结果，甚至可能会突破底线去挽回对方，然后陷入一段权力不平等的感情关系里。如果挽回不成，还容易长时间陷入自责、怨恨和焦虑中。对焦虑型依恋的人来说，分手仿佛世界末日般的灾难，而自己无人可依、无家可归。

面对分手，回避型依恋的人看起来会平静很多。

他们或许很快就能继续按部就班地生活和工作，夜深人静的时候，偶尔也会想起过往，但很快又会把思绪压下去。对回避型依恋的人来说，分手是一种解脱，帮助他们挣脱了亲密关系带来的紧张和不安，但也加深了他们的孤单和迷茫，让他们的感情世界仿佛再次被冰雪冻住了。

分手后，很多人会把痛苦与感情和对方联系起来，有的甚至会误以为"我这么痛苦是因为我离不开他、我还爱他"，于是继续投入。但其实不一定，痛苦、依赖也许和对方无关，而是和自我有关——我们的依恋类型影响了我们对分手、对关系破裂这件事的认知和感受。

也正因如此，分手后，我们的感受、想法和表现，恰好是一个让我们更深入也更全面地体察自己的依恋类型的机会。在充分了解自己依恋类型的基础上，我们也能慢慢看见并疗愈背后的创伤，试着学习和自己的依恋类型相处。

比如，拥有安全型依恋的人会更善于求助，因为他们相信他人的善意，也更不怕被拒绝。如果你不属于安全型依恋，当你了解自己的依恋类型和它的影响后，在下一次需要求助的时候，或许可以试着跟自己说："我知道我现在不愿求助，可能是我的依恋类型在告诉我'别人不可信，不会帮我，我会被拒绝，拒绝太可怕了'。但这些不一定是事实，我或许可以带着这些想法，挑一个友善的对象试一试。"

几次尝试之后，有了一些成功经历，你就能真正地体验到"他人可以信赖""我不一定会被拒绝"，或者"我即使被拒绝了，依然能好好地生活"。换句话说，在新的尝试和体验中打破那些不合理的信念，而这也正是重识自我、重建自我的关键步骤。

另外，要注意的是，虽然一个人的依恋类型相对比较稳定，但不寻常的伴侣和感情关系也会影响甚至改变我们的依恋类型。

比如，当一段关系权力不平等，弱势方很容易变成焦虑型依恋。当伴侣有人格障碍，偏执型人格障碍也可能会催生焦虑型依恋，边缘型人格障碍和自恋型人格障碍都容易催生极端的回避型依恋或焦虑型依恋。

我们在前面提到过的北大学子牟林翰精神虐待女友包丽致死的案例就是这种情况。在扭曲的伴侣和关系的影响下，包丽的依恋类型越来越偏向焦虑型。她时刻身在被抛弃的恐惧中，不惜以伤害自己为代价向对方证明自己的爱，乞求对方不要离开，最终甚至被剥夺了生命。

从更普遍的情况来看，焦虑型依恋的人和回避型依恋的人在一起很容易彼此加剧，焦虑的更焦虑，回避的更回避。因为回避型依恋的人需要空间，而空间对焦虑型依恋的人来说意味着"不爱了"或者"不够爱"。回避型依恋的人越主张物理或心理上的独立空间，焦虑型依恋的人就越感觉自己不被爱，于是更焦虑。为了确认爱（或不爱），焦虑型依恋的人可能会想尽办法来消除空间、靠近对方，而对回避型依恋的人来说，这样的做法意味着自己的空间被侵占，于是就更回避。

可如果和安全型依恋的人在一起，加上好的方法和努力，焦虑型依恋的人和回避型依恋的人都有可能慢慢转变为一定程度上的安全型依恋的人。因为安全型依恋的伴侣更善于爱的互动，相对更能做到全然的接纳和回应，让我们感受到稳定的关注和爱的流动，这会为我们提供新的关系体验。在这样的关系体验中，我们的自尊会被滋养，关系会成为我们的安全基地，而我们自身的安全基地也在不断扩大，而这些都是安全型依恋的核心。

分手让创伤浮现

换句话说，我们在塑造关系，关系也在塑造我们，而分手会让我们和关系都现出原形。分手后，如果很长时间都走不出来，或者是分手揭开了我们原本就存在的隐秘的创伤，或者是我们经历了一段并不健康的亲密关系。

举个例子。在琼瑶的自传式小说《窗外》中，女主江雁容和老师康南恋爱了。

被迫分手后，康南一蹶不振，陷入重度酗酒和抽烟中。但他的痛苦并不只是源于这场分手，而是因为康南和前妻也曾被迫分离，前妻又在被逼改嫁前自杀。这是他身上原本就有的、未被疗愈的创伤，和江雁容的分手又一次触发了这个创伤。

只是他曾经的救赎方式是投身于教书，工作是他的避难所。但他和江雁容的师生恋让他失去了工作、失去了避难所，他承受不了痛苦，于是只能在酒精和烟草中麻痹自己。

江雁容分手后过得怎么样呢？她虽然也痛苦过，但她走出来了，后来也结了婚。

为什么相比康南，分手带给江雁容的创伤相对更轻、更少呢？

因为江雁容之所以会和康南在一起，几乎是因为她在家里被母父和妹妹弟弟排斥，她渴望关注和接纳。也就是说，她受到原生家庭的影响，在亲密关系上一度是焦虑型依恋，而康南给了她关心和接纳，也给了她自由和尊重，发自内心地欣赏并肯定了她写作的才华。

这种尊重、欣赏和肯定救赎了江雁容，让江雁容拥有了关于爱的安全基地，让她从焦虑型依恋转向了一定程度上的安全型依恋。如我们前面所说，对于安全型依恋的人来说，分手是一种选择、一段经历，他们对未来的人生的憧憬并不会受毁灭性的冲击。

从小说的描述来看，康南很可能的确爱过江雁容，他无数次点亮过江雁容，也让江雁容因为这段关系变得更完整、更强大了。而江雁容很可能只是迷恋着康南，她想要的是康南的爱和这稳固的安全基地，但因为年龄、阅历和性别视角等缘故，她其实没有真正地读懂过康南，所以也不曾真正接纳和爱过康南。

另外，我们在前面提过，自尊感会被关系影响，关注、接纳和爱都会提升我们的自尊感，让我们在爱和被爱中践行自我尊重的行动。

康南提升了江雁容的自尊，他当众肯定了江雁容的才华，认真回应江雁容的困惑和痛苦，被江雁容的内心和外在吸引……这一切都让江雁容体会到了作为一个人、一个女孩的存在感和价值感，也是在这个过程中，江雁容认同了自己的才华，也接纳了自己和妹妹弟弟的不同。

但康南的自尊却因为这段师生恋彻底崩塌了，他因为年龄和职业身份受到了铺天盖地的道德指责，还因此失去了工作。这也是为什么分手后，康南的状态要比江雁容糟糕很多。

你看，当江雁容和康南身在爱和关系的旋涡中时，他们不一定能注意到这些，而分手这件事却把他们的自我和关系本来的样子暴露出来了。

206

　　假如他们能在这场分手中重新认识自己和关系，或许能获得更多的成长，尤其是康南——看到自己过往的创伤，意识到自己本就摇摇欲坠的自尊和人生意义感，然后尝试自我疗愈、自我修复。

　　现在，从小说中的虚构人物回到现实中的我们自己，我们也可以借分手这件事来观察自己有没有把自我价值、人生意义建立在别人的肯定上，又在多大程度上拥有稳固的自我价值感和人生意义感。

　　如果分手后长期一蹶不振，因为对方不爱了而怀疑自身的价值、人生的意义，那么或许需要试着找回自己，试着应对自己的无能感，调整自己对"人生无常"和"毁灭"的绝望感，重新找寻人生的意义感。换句话说，先点亮自己，让自己成为能发光，也在发光的人，再考虑要不要投入一段感情。

　　这里，我要额外提一嘴。和《窗外》描述的不一样，因为年龄和职业，现实生活中的师生恋有着天然的权力不平等的属性，一般来说都是相对低位的学生更受伤，这是我们需要特别警惕、防备的。另外，也有一些在结婚后，随着一方的衰老或事业滑坡，权力颠倒，曾经的低位者越来越不满，曾经的高位者因此遭受嫌弃，最终走向离婚。

　　师生恋是一个非常复杂的议题，这里暂且不议。现在，我们继续说回"分手"这个话题。

分手，为什么会发生?

那不是爱，只是迷恋

上面提到，在《窗外》这个故事中，江雁容对康南可能只是一种迷恋。迷恋和爱的差别是什么呢?

迷恋往往开始于被对方某个突出的特质强烈吸引，比如出众的外貌、独特的才华等，更像是一种瞬间被点燃的激情，满脑子都是对方，迫不及待地想要靠近。但这种感觉本质上来说，只是自我情绪的高度投入，是为了满足自己的幻想和渴望。

而爱不同。爱是一种更深层次的情感连接，是真正的看见，也是对彼此优点和缺点的全盘接纳，愿意为对方的幸福去付出，即使要牺牲自己的利益也甘之如饴。

从表现来看，迷恋状态下的人容易在对方面前刻意展现最好的一面，也期望对方时刻完美。一旦发现对方不符合自己的想象，热情可能就会迅速消减。而且，在关系相处中，迷恋状态下的人更多在追求享受浪漫的刺激。

但爱会让两个人自然地袒露自己的脆弱与不足，当激情淡化，依然能从彼此的陪伴中感受到温暖与安心。

总之，迷恋有很多幻想，对方只是幻想的投射，很大程度上是自私的、利己的，而爱包容了很多真实，

208

彼此之间也有更多的无私和利他。

在《窗外》的故事里，江雁容对康南有很多完美的幻想，比如康南可以抵御世俗的压力，给她一个港湾，可以潇洒地不管不顾地带她走，可以总是包容她、指引她，等等。但这些，康南其实做不到。于是，江雁容会失望、会犹豫。所以，故事的结局——当江雁容再次见到变得邋遢、破败的康南，她的幻想破灭了，她在恍惚中选择了直接离开。

说到这里，我们也已经进入了下一个议题：为什么有过感情的关系会分手？其中一个原因便是，感情本身只是迷恋。

迷恋让人暂时进入了一个异空间，在这个空间里，自我、对方和爱情都是完美的。当其中一个人不愿意或者没有能力从异空间走出来，而另一个人已经出来了，就很可能导致分手。即使两个人都待在空间里，现实和时间本身也会摧毁这段感情。

举一个例子。作家李敖在书里曾写到，和胡因梦结婚后113天，因为看到胡因梦便秘而无法接受，他提出了离婚。这可能只是李敖用来挽尊或者调侃的理由，不是真正的原因。但无论如何，他会这么写，就反映出他很可能没有真正爱过胡因梦，最多只是迷恋。

在现实生活中，受到性别偏见和浪漫主义爱情文化的影响，很多"爱"的底色都只是一时激情的迷恋，再加上缺少关于爱的认知和能力，迷恋也没有机会发展为爱，于是就很容易陷入"幻想—失望—分手"的困境循环。

通过分手才能满足的需求

除了迷恋这个视角，第五讲在聊出轨时提到过需求，这也是一种视角。

简单来说就是，分手可能是因为这段关系无法满足一方或双方的需求，而分手可以，或者分手可以获得满足的可能性。

我们以焦虑型依恋为例。在没有觉知依恋类型的影响前，当关系走向稳定，相处减少，也没那么有激情时，焦虑型依恋的人会感觉自己找不到"爱的证据"——不仅是对方还爱的证据，也包括自己还爱的证据。而分手或许迎来对方的挽回——"挽回"对焦虑型依恋的人来说也是一种"爱的证据"，这证明对方舍不得、仍然爱着自己；或许迎来自己强烈的痛苦——"痛苦"对焦虑型依恋的人来说也是一种"爱的证据"，这证明自己舍不得、仍然爱着对方。也就是说，对焦虑型依恋的人来说，有时候分手的意图并不是分开，反而是再次相爱。另外，分手或许可以让焦虑型依恋的人有机会拥有一段有更多激情的新恋情，这时候，"爱的证据"又会回来，这便满足了他们内心的情感需求。

在咨询中，我会把亲密关系里的需求分为三个类别来协助来访者处理关系议题。

- 第一种是保底需求，就是不满足关系就会破裂，但满足了也并不会加分。比如，对一些人来说，忠诚或基本的物质保障是保底需求。
- 第二种是核心需求，就是这些需求你很重视，满足了会让你对关系更满意，会大幅度加分。比如，越来越多的人开始把情绪价值的满足视为核心需求。
- 第三种是中奖需求，类似彩票中奖，不中是常态，但如果中了会非常惊喜。

每个人的这三类需求都不一样，如果你想找分手的原因，可以试着按这三个类别分析，如果说不清对方或自己的需求，那可能是了解太有限了，没有看见过真实的自己和对方，所以也没法用彼此想要的方式来爱与被爱。

在《分手心理学》中，我曾提到爱恋风格理论。加拿大社会学家约翰·李（John Lee）把爱情分成了六种风格：激情型、游戏型、友谊型、占有型、利他型和实用型。当爱恋风格不一样，也很容易导致分手，背后也是因为彼此对爱和关系的需求不同。

比如，游戏型爱恋者的需求是当下的快乐，而实用型爱恋者的需求是长期的务实。当游戏型爱恋者和实用型爱恋者在一起时，游戏型爱恋者只想追求开心，不想承担责任，只想满足当下，也不怎么考虑未来。实用型爱恋者在这样的关系中，或者越来越疲惫——家务、财务规划、老人孩子的照料等全由一个人承担；或者越来越没有安全感；或者开始试图改变游戏型爱恋者，让游戏型爱恋者感到压力和不开心。最终，种种矛盾便会导向分手。

总之，当需求差异太大，同样的关系很难让两个人都感到满足，就很容易导致分手。

公平和满意度正在面临重整

此外，心理学研究发现，亲密关系存在两种形式，分别是交换关系和共有关系。

交换关系格外关注公平，付出就期待同等的回报，如果为人不自私，自己得到时也会试图回报，追求两不相欠。这看起来很平等，但我们需要注意到，这也意味着，秉持这一想法的人，很可能只有在认为自己能获益的时候，才会关注回应对方的需求。

交换取向有时候会比较隐蔽，比如，对方想要交换的是你的外表、金钱、生育价值等。他一开始的确一直在付出，但当他对交换过来的这些东西习以为常的时候，或者觉得你失去了交换价值的时候，就可能提出分手。这也是为什么一些人会觉得伴侣变了，其实他没有变，只是最开始你没发现他的真面目，日久才见了人心。

与交换关系相对的，是共有关系。共有关系往往表现为，两个人都不计较付出和回报，也渴望对伴侣的需求做出回应，认为对方的幸福就是自己的幸福，这也是爱存在的表现。

共有关系并不是不在意公平问题，只是更关心长期总体上的公平，相信两个人都在意彼此的付出和需要，都会为彼此的幸福和长远发展考虑。不像交换关系，每时每刻都在计算公平问题，好比"不见兔子不撒鹰"，缺乏长期的信任和等待的耐心。

如今，尤其是女性主义崛起后，亲密关系中公平的幻象被打破了，不公的现实显露了出来。社交媒体上的知识和其他人的故事，或者自己正在经历的现实，也让更多的人意识到，很可能只有自己在坚持共有关系，而对方一直是秉持交换关系。这时候，既可能是共有关系的这一方因为不满而提出分手，也可能是共有关系的这一方要求公平，结果另一方感到不满而提出分手。

更复杂的挑战在于，当我们带着对公平的关注，再次尝试踏入一段关系时，很可能会很难全然享受彼此的付出和给予，暂时的、细微的不公都会让我们警铃大作，让关系往交换取向倾斜，丧失了一部分浇灌爱的养料，增加分手的概率。

不过我觉得，如果彼此有爱，也都愿意成长，那也没关系，度过这段磨合期，爱的地基反而会更牢固，因为真正的爱会让人彼此信任、包容和祝福。

分手，就是不爱了吗？

到这里，可能还是有人会追问：分手了就是不爱了吗？如果爱就不会分手吗？

不一定。爱是彼此成就，当分手更有助于成就时，那么分手也是爱的行动。对我们自己来说，如果你爱对方，但自我却在爱中迷失了，你不爱自己了，那分手也是一种找自己和爱自己的行动。

而且，如果再叠加我们其他人生角色的爱、职责和价值观，以及环境的影响，即使两个人之间有爱，关系也不一定能圆满。反过来也是一样的，关系圆满，也不一定是因为爱。

我曾在《分手心理学》这本书里写过："爱能成长，是人的伟大之处。"这里我要再加一句："爱能成长，是人的伟大之处，也是人生的一种幸运。"

分手后，该怎么办？

我在《分手心理学》这本中写有很详细的步骤，

如果你正在分手的边缘，或者遭遇分手后还在困苦中，可以去读一下这本书。在这里，我想借"分手"这个主题谈点更广泛的议题：如何在"丧失"中创造意义？

不管分手是谁提的、是怎么发生的，只要我们曾经真心实意地期盼过白头偕老，或者承诺过爱你一生一世，分手便是一种丧失——丧失了爱与被爱，丧失了某种人生状态，也丧失了某种人生可能性。

第六讲曾聊到过面对丧失时的接纳与承担，第七讲也曾谈到过如何超越丧失带来的羞耻感从而变得更完整、更自由。这里，我想与大家分享一个前面几讲没有提及的关键步骤——接纳现实、承担责任、超越羞耻之后，如何找到自己真正想要的东西、做出自己真正想做的决定、创造独属于自己的意义感？

为自己而做：找到你的自主动机

第七讲在讲述小蝶的案例时，我提到，经过数次讨论以后，小蝶决定通过各种学习来提升自我形象。为什么这个决定需要详细地讨论呢？因为有时候，我们的决定不一定是为自己而做，有可能是为别人而做。

对小蝶来说，外表曾带给她很多难过、羞耻感、生气、愤怒，所以她提升外表的动机有这样一种可能性：为自己争口气、赢回面子——这看起来是为自己，实际上却是为了别人的目光和评价。达成了一度也会很爽，这也是很多爽剧、爽文会用的情节。但之后，如果这件事本身并不是自己享受的、自豪的，那空虚也会很快到来。这是因为，"为自己争口气、赢回面子"这一想法、行为背后的动机，不是自主动机，而是受控动机。

心理学的自我决定论将人的动机分为自主动机和受控动机。前者是指，我这么做是因为我想做，是出于重视和享受，情绪比较积极。而后者是指，我这么做是为了别人的期望或者其他人的需求，是不得不这么做，情绪比较消极。换句话说，自主动机是自由的选择，而受控动机是被绑架的选择。从时间维度来说，自主动机是为了未来，而受控动机却是为了过去。

辨别自主动机和受控动机

说回小蝶的案例，我们是怎么辨别小蝶的动机的呢？

有两个关键思考：

第一个思考是，当她想象自己的成功时，情绪是喜悦的，还是松了口气？如果都有，慢慢地沉浸在那个想象的画面里，最终哪个情绪会更坚定地留在那里？有没有希望感或各种新的憧憬产生？

如果只是松了一口气，那就很可能是受控动机，可能只是因为外界的压力终于减少了。再举另一个小例子，因为催促而结婚，结婚后很多时候就是松了一口气的感觉，像终于完成了任务、摆脱了催促一样，而这口气一松，后续也就没有更多的动力了。

但如果是喜悦更多，还有希望感和新的憧憬，那就是自主动机，这意味着我们正在做的事、想要达成的目标是我们自己的期待，也是我们自己想要的未来。

第二个思考是，如果她成功了，她希望谁来见证她的成功？这些人是她欣赏的或者欣赏她的，还是曾经欺负过她、伤害过她或者看不起她的？

如果是后者更多，那就可能是受控动机，因为这样的成功只是为了消除那些人的"看不起"，让那些人后悔，本质上是被负面记忆和负面情绪绑架了，是为他们而做。

但如果是前者更多，那就是自主动机，因为欣赏的背后是接纳、认可和相信，也是我们价值观的体现。这样的见证会再一次加强我们的自豪，也能再一次实现我们的价值观，是为自己而做。

为什么我们要更多地选择自主动机呢？

一来，自主动机有我们的积极情绪和价值观，能给我们带来意义感，还能带来更多的动力，让我们即使遇到困难，也能主动坚持。

二来，自主动机有更多的创造力，实现一个自主动机很可能会带来更多的自主动机，让我们对未来也会有更多的想象。

更好的挽回和复合动机

有的人分手后想要挽回，是因为想要爱和幸福，觉得对方依然是自己想要的人生伴侣，这是自主动机——在挽回的过程中，他会主动成长，也会为了幸福继续努力。但有的人分手后想要挽回，只是因为不服气，或者难以忍受分手的煎熬，这是受控动机——他并不会为了挽回去努力改变，一旦复合很可能又回到原来的样子。

所以，如果你在分手后有复合的想法，在行动前要先试着问问自己："我究竟是出于自主动机想要复合，还是出于受控动机？"如果是出于后者，那么即便复合成功了，破镜也很难重圆，只是暂时消除了当前的痛苦，而痛苦会在未来卷土重来。

我们重新回到分手带来的丧失上。分手的确让我们失去了一些东西，但"失去"其实也是一种"得到"，因为分手让我们的人生有了一部分"空"，我们得到了机会在这部分"空"里实现自我创造。

而要实现真正的自我创造，我们要先静下心来，体察自己的情绪和想法，识别出这些情绪和想法背后的动机，并判断这些动机究竟是自主动机还是受控动机，然后尝试放下那些受控动机，努力实现那些自主动机。

当我们实现了一个又一个或大或小的自主动机，

我们就在分手的丧失带来的那部分"空"里，创造了独属于自己的意义。于是，我们也就可以让曾经以为的"坏事情"，变成人生开启新篇章的"好事情"。

从这个角度来说，我很感恩我的读者们。我很感谢所有用心阅读、在煎熬中依然为自己努力的你们，你们愿意给予我，给予《分手心理学》，也给予这本书一个机会，愿意静下心来思考并实践其中的一字一句，这对我来说意义非凡。

一想到你们在阅读过程中或许能从中找到理解自己情绪的线索，能在那些关于困惑与痛苦的描述中感到被看见、被理解，我便觉得这些内容所承载的意义得到了真正的实现。它们不再仅仅是我笔下的文字集合，而成了我们之间传递情感慰藉与认知启发的纽带。

这一切曾经因丧失而产生，但现在，我收获了珍贵又厚重的意义感。我非常感谢你们，也真心祝福你们能不断收获这样的意义感。

好奇自己，发现自己，看见自己

最后，想和大家说点分手这个主题以外的心里话。

在写这一讲之前，我再一次重读了《分手心理学》这本书。重读的过程中，我最强烈的感觉是陌生——对内容本身有点陌生，也对当初的经历有点陌生。重读的过程中，我经常会想，原来当时的我还思考过这些，原来当时的我还经历过那样的煎熬。

你看，哪怕是自己，跨越时空以后要做到完全的理解和感同身受也不容易。这个过程其实也提醒我，对于我的伴侣、我的朋友、我的家人，我依然希望他们能更多地了解我、理解我，但我也要更多地了解自己、更多地表达自己。

另一方面，这个过程也让我对自己又多了些好奇，以后或许我会更有意识地多记录自己，看见不同时空的自己，这会让我更完整，甚至过去的自己还能给现在和未来的自己一些启发。

祝愿你也是这样，永远保持对自己的好奇、发现和记录。当然，如果你已经在一段关系中，也要记得，互相的了解和理解永远在路上，永无止境。

10

再次出发

我们要如何学习爱，尤其是爱自己？

　　这几年，越来越多的人开始学习与"亲密关系"相关的知识和方法，想要和伴侣、和母父、和孩子还有其他重要他人好好相处。如果你已经读过好些有关亲密关系的书，这一讲可能能让你已掌握的知识和方法事半功倍。

　　比起学习怎么和他人相处、怎么和他人保持亲密，学习怎么和自己相处、怎么和自己保持亲密其实是更重要的事。在亲密关系这件事上，你希望理想伴侣和你是怎样的亲密关系，就试着和自己保持这样的亲密关系，你希望他怎么爱你，就先试着这样来爱自己。

　　比如，很多人都希望伴侣能跟自己好好说话，那或许我们可以先试着更好地进行自我对话。再比如，在上一讲提到的琼瑶小说《窗外》里，江雁容一直在对康南说"如果你爱我，就带我走，带我离开这让人痛苦的地方"，那她爱自己的方式或许可以从向外求的"带我走"变成向内求的"自己走"。

在前面的几讲中，我提到了很多次"爱自己"，也许有的读者会感到困惑，毕竟这几年已经有无数的声音在提醒我们要"爱自己"，但很少有人告诉我们"怎么做才是真正的'爱自己'"。在我看来，所有我们对理想伴侣的期盼，其实都可以是我们用来尝试爱自己的方式。

这一讲，我会围绕对话、归因和承诺三个话题，和大家聊聊怎么爱自己。

爱的自我对话，要如何开启？

自我对话为何如此重要？

先来看对话。对话，也就是沟通。心理学中有一个关于人际沟通的简单模型，这个模型揭示了为什么沟通经常会发生隔阂。

这个模型告诉我们，沟通是一个传递信息以达成意图的过程。信息传递的渠道以及信息本身包括非言语沟通和言语沟通，信息传递的质量和结果取决于传

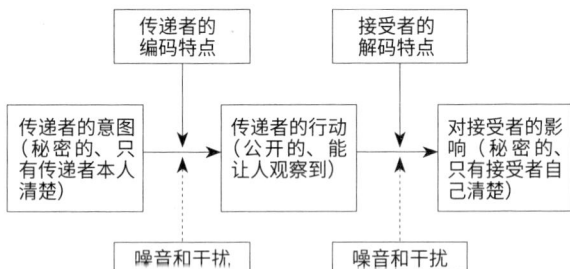

人际沟通模型

递者的编码特点和接受者的解码特点，还会受到噪音和干扰的影响。

其中，"编码"可以理解为"怎么表达"，"解码"可以理解为"如何解读"，"噪音"可能是个体的情绪，也可能是环境的氛围，等等。比如，我们可能会因为焦虑而词不达意，或者因为偏见而误解他人。这时候，"焦虑"和"偏见"就是"噪音"，干扰了"编码"与"解码"。

人际沟通的简单模型也揭示了为什么人际隔阂更可能发生在亲密关系中，而不是陌生人之间。这是因为，在一段关系中，彼此在一起的时间越久，就会经历越多的变化，这些变化有生理上的，也有"角色"上的，但更关键的还是心理和思维模式的变化。但恰恰由于彼此太熟悉了，再加上两个人忙于应对生活或者自身困扰，很可能有时候连当事人自己都意识不到这些变化，伴侣更是如此。

可以说，正是因为熟悉，才让彼此忽略了变化，会忘记重新认识对方"你是谁""你是怎么想的"。我们会忘记像刚开始在一起那样，认真思考对方"他实际上是怎么想的？"——这便是"熟悉"带来的"变化盲视"，于是解码常常会在自以为是中出错，又在自以为是中错过修改的机会。

说回沟通。沟通这件事难就难在编码和解码的不一致，而编码和解码之所以不一致，既可能是因为编码和解码的不一致，也可能是因为受到了噪音的干扰。

举个真实的小例子，来自我的一位来访者小顾。

小顾的伴侣在工作上遇到了一点挫折。小顾希望（传递者的意图）伴侣能感受到她的支持，从而少一点焦虑。她认为（传递者的解码），为伴侣兜底、向伴侣表达爱意能达成这个沟通意图。

于是，小顾认真地注视着伴侣说（传递者的表达）："不管你有没有工作，我都会爱你，都会和你在一起。"听起来这是一句很甜美的情话，但她的伴侣听了这话以后，立刻生起了闷气，直接走开了。

事后复盘，他们才发现，问题就出在编码

和解码的不一致上。小顾在编码时是希望通过向伴侣表达爱意和兜底的意愿来让伴侣感到安全。可是,小顾的伴侣对这句话的解码却是:"什么?你觉得我会丢了工作?"

为什么会这么解码呢?因为小顾的伴侣当时正处于极度焦虑的状态,不自信还很敏感,十分在意别人的看法。"没工作"这个关键词激发了他的情绪和压力,让他感到了压倒性的恐惧和排斥。在这样的情绪状态之下,他根本没有余力思考小顾实际上在表达什么,也没有心理空间感受爱意。

也就是说,情绪和压力是这场沟通中的噪音,干扰了小顾伴侣的解码,让这场沟通以不快收场。当然,对小顾来说,如果她能预判到伴侣情绪和压力可能产生的干扰,或许她的编码和表达也能做得更好。

总之,从这个例子中,我们可以发现,编码和解码完全因人、因事、因情境而异,而这也就意味着,无论是言语沟通还是非言语沟通,都没有标准答案。

一场好的沟通需要根据具体的人、具体的事、具体的情境进行,不仅需要注意对方说了什么、做了什么,还需要留意双方的情绪、想法和处境,等等。如果只把焦点放在说了什么、做了什么,而忽视了彼此怎么想、怎么看时,就很容易导致沟通问题。

对亲密关系来说,沟通是增进了解、传达爱意的重要途径。如果沟通出现问题，彼此不仅无法感受到对方的爱意，细碎的冲突还容易变得更加频繁，双方的爱也会被消磨。而且，吵架时，沟通问题还容易导致更激烈的冲突，甚至催生肢体暴力。

自我对话是如何形成的？

关于沟通这件事，我们总是关注怎么和别人沟通，实际上怎么和自己沟通才是更重要的。

在和他人互动的过程中，当我们是信息传递者时，我们编码的过程其实也是自我对话的过程。比如，在编码时，我们需要问自己："我怎么说才能更好地传达我的意图？对方的解码特点能确保他理解我说的内容吗？我的肢体语言有没有起到好的作用？"

而当我们是信息接受者时，好的解码过程也是自我对话的过程。比如，在心里问自己："我理解的是对方想要表达的意思吗？我要不要和对方确认下？"

当沟通的两个人都能有意识地在自我对话中把编码和解码做得更接近沟通意图时，沟通也就会更顺畅。

除了和他人的互动，对我们自己来说，情绪管理、压力管理、坚持和自律等的背后，其实也都包含自我对话。很多时候，心理困扰的来源不是外界，而是来自存于我们内心的批评者，他不停地告诉我们："你不够好！""你不够努力！""都是你的错！""你搞砸了！""你完蛋了！"等等。

要注意的是，在我们没有觉察并培养自我对话的能力时，我们的自我对话更大程度上受到和他人对话的影响，因为和他人的对话会构成自我对话的素材，我们自我对话的内容常常是从与家人和朋友的互动信息库中取得的。

这么说可能有点抽象，我们来看这样一个例子：

> 想象一个孩子，或许小时候你也发生过相似的事。孩子去好朋友家里玩，明明是孩子的好朋友不小心打碎了家里的花瓶，好朋友却非要说是这个孩子打碎的。

这时候，母父如果不爱或者不懂爱，即使相信这个孩子被冤枉了，也可能对孩子说："他就没有把你当朋友，你这样的人怎么会有好朋友呢？他不过是一直在利用你罢了。你看，就因为你看走眼，我们还得道歉赔钱。"

这些话传递的是指责、贬低和恐惧的信息。孩子如果不断接收这样的信息，就会不断内化这样的信息，他的自我对话也会常常是指责、贬低和恐惧。于是，他就可能越来越愧疚和胆小，或者变得孤僻，或者不断地放弃底线来争取友情或爱情。

但如果孩子被母父好好爱着，孩子听到的就可能是（假设对话的是妈妈和孩子）："宝贝，你现在一定很难过，想不明白他为什么这样对你，感觉自己失去了一个好朋友，甚至怀疑他是不是从来没有把你当好朋友。妈妈知道，你一直把他当好朋友、对他很好，妈妈觉得你做得很棒，你以后只要继续做自己，你一定还会有别的好朋友的。而且，他冤枉你是他的错，哪怕你们不是好朋友，这么冤枉你也是不对的。妈妈希望你不要怪自己，我们一起来想办法，看看接下来怎么办。"

这些话传递的是安全、相信和希望的信息。这样的信息也会进入孩子的信息库，他日后的自我对话也更有可能是有安全感的、充满信任的和保持希望的。

然后，等孩子平静一些，如果妈妈能再接着和孩子说："宝贝，我们一起来回想一下，他以前是怎么和你相处的。是他一直这么自私，还是他一直对你很好，只有这一次背叛了你？如果只有这一次，会不会他太害怕妈妈爸爸会责骂他，甚至他可能会挨打，所以他才这么说？也许他也很愧疚。你们要不要聊聊看？"

这些话传递的是有关探索和选择的信息。在这些信息的影响下，孩子也会构建起一个开放的、包容的、和行动有关的信息库，他的自我对话也更有可能是开放的、包容的、建设性的。

所以，如果一个人从小在与他人的对话中接收的信息大多是有爱的，形成了一个充满爱的信息库，那么，他长大后也就更有可能带着爱意来进行自我对话，用内在的语言和行动来爱自己。

反过来，当一个人没有被这样爱过，没有建立有关爱的信息库，那么"带着爱来自我对话"这件事对他来说，就会很陌生，也很艰难，不知道该怎么来爱自己。

怎样练习爱的自我对话？

任何时候，我们都依然有机会来学习爱的语言、练习爱的自我对话。具体怎么学呢？让我们再次回到人际沟通模型。

人际沟通模型把双方分为传递者和接受者，在自我对话中，我们既是传递者，也是接受者；既承担编码的任务，也负责解码的任务。

第六讲提到过一个自我对话的例子：小时候经历过原生家庭漠视和嫌弃的人，长大后非常想要成为一名好家长，他无法接受自己对孩子的厌烦情绪，于是每当对孩子的言语行为产生厌烦，他都会更加责怪自己。这个例子中的自我对话是怎样的呢？

首先，作为信息的传递者，他告知了自己他对孩子发脾气这一信息。然后，作为信息的接受者，他又解码了这一信息。但是，在解码的过程中，他带着自责的情绪，解码的结果是"厌烦是坏情绪，我是坏家长"。接着，再次作为信息的传递者，他把这个信息传递给了自己。

这个时候，就来到了爱或不爱的分水岭。在不爱的自我对话中，自我会立刻、不假思索地全盘接受这样的信息。但是，在爱的自我对话中，自我不再是立刻不假思索地接受，而是暂停下来思考，用第六讲提到的关怀视角来解读这些信息，也就是体察自己的情绪，看到情绪背后的想法、需求和价值观，找到它们从哪里来、要告诉我们什么，然后去接纳它们、回应它们。

另外，和关怀视角一样，第七讲提到的优势视角也是爱的自我对话的一种解读方式。但是，因时间有限，这里不再详细展开，感兴趣的朋友可以再去看一看。

总之，在爱的自我对话中，有三个要素——客观经历的事实、自动反应的主观想法、主动选择的想法解读。其中，"主动选择的想法解读"便是我们能慢慢练习的部分。

在"主动选择的想法解读"这一部分，除了关怀视角、优势视角之外，成长型视角也是一个带着爱来自我对话的视角。

我们来看一个具体的例子。我的来访者小筑，他一度是典型的但又令人迷惑的固定型思维。

小筑的学习和工作在外界看起来还不错，但当我们细聊他的人生目标，再倒推他还需要学习和尝试什么的时候，我们发现，他总是巧妙地避开那些会挑战舒适圈和自我概念的事情。但凡有失败的可能，小筑要么告诉自己"这些不重要，我不需要努力争取"，要么就想着"我以后再做"。

比如，小筑好几次因为自己情绪失控，和同事、伴侣都爆发过很大的冲突。在咨询的过程中，他意识到了情绪管理的重要性，也意识到了自己一直在逃避这方面的成长，于是他开始学习。结果，他却因为做不到而更加崩溃了。他说："我已经很努力了，我就是做不到，我就是个情绪管理上的废物。"

这个时候，我向小筑提了两个问题，这两个问题也是我们可以用来自我对话的问题。

第一个问题是："我看到你已经努力了，看了好些书，但是情绪失控还是在发生。不过我想问，最近有没有情绪管理取得进展的迹象？"

这个问题会把我们的注意力从结果转向过程，给我们信心和继续努力的动力。但如果过程的确没有进展，那紧接着可以问第二个问题："我想了解一下，你记忆中最努力的成功经历是什么？按努力程度来打分，这一次的努力和那一次相比分别是几分？还有没有其他差异？"

对小筑来说，他人生中最努力的成功经历是高三复读。如果那一次的努力是 8 分，那么这一次最多 3 分。一来，投入的时间、精力有限；二来，高三复读的时候，他曾为了提高成绩做过很多不同的尝试，比如换教材、换学习方式、收集错题本、和同学互相讲题、模拟高考来实战做题，等等。

但在情绪管理的过程中，除了看书这一种方法之外，小筑没有做其他的任何尝试。但如果模仿曾经的努力方式，尝试就还可以是：看其他人努力进行情绪管理的视频分享，和伴侣一起复盘情绪失控的前因后果，记录自己容易情绪失控的情境，向别人讨教更好的方法，等等。

当然，随着人生的发展，可能可以用来成长的时间、精力确实有限，那就至少看到客观上的局限，而不是在主观上责怪自己。也就是说，我们有时需要向过去的自己学习，有时需要和现在的自己和解——拿过去的自己和现在的自己进行比较可能并不公平。

说回"失败"这个议题。面对失败的时候，固定型思维者往往会只看结果的失败，并把这等同于"自己是个失败者"，进行否定的、消极的自我对话。

但成长型思维者会重新定义"失败"。他们既不会把结果的失败等同于"自己是个失败者"，也不会只看结果，而是会观察过程，包括复盘自己有没有真正付出努力，思考有没有更好的努力方法，如果有的话，就去实践、验证。他们总是以一种更开放、更积极的态度来进行自我对话，这样的自我对话也是一种自我赋能。

关怀视角、优势视角和成长型视角，这三种视角如果能 起使用，爱的自我对话会更有力量。因为关怀视角带来关心和理解，让人平静温暖；优势视角会告诉你"你拥有什么，可以获得哪些支持"，让人有勇气、有信心；而成长型视角会协助你思考"如何探索与选择"的行动方案，让人有信念去行动。

没有答案的事，该怎么归因？

维持痛苦型归因和增进关系型归因

回到前面提到的有关友情和背叛的例子。在那个例子中，好朋友究竟有没有苦衷，或许还可以通过交流得知，但生活中有很多"为什么"，我们可能永远都没法知道答案，比如，他为什么断崖式分手、为什么他不回我消息，等等。这时候，我们该怎么办呢？

心理学研究发现，伴侣双方的一般归因模式会影响他们对关系的满意度。其中，维持痛苦型归因会增加不满、矛盾和冲突，而增进关系型归因会让彼此更友善、更合作，也更满足。

比如，同样是伴侣今年忘了恋爱纪念日，维持痛苦型归因或许是"他不爱我，他不在乎我"；而增进关系型归因或许是"他最近可能太忙了，我提醒他一下"。

再比如，同样是伴侣突然送了个礼物，维持痛苦型归因或许是"他可能做了对不起我的事"，或者"他就是一时兴起，我要调查或者盘问一下他"；而增进关系型归因或许是"他希望做点什么来让我更开心，我要让他看到我的开心，我也要送个小礼物给他"。

也就是说，维持痛苦型归因认为，伴侣的负面行为都是故意的、习惯性的，改不了；而正面行动都是无心的、偶然的，维持不了。但增进关系型归因认为，伴侣的负面行为是偶然的，对行为原因做出了善意的理解，还会肯定伴侣的体贴和慷慨。在亲密关系中，增进关系型归因更有可能让两个人减少痛苦、增加开心，也更能激发建设性的积极互动。

对于现实生活中我们可能永远无法知道原因却又深深在意的"为什么"，或许也可以用增进关系型归因来猜测答案，只是这里的"增进关系"更大程度上是为了增进我们和自己的关系。换句话说，练习增进关系型归因，就是寻找能让你更爱自己、更尊重自己、对自己和未来更有信心的答案。

如何用增进关系型归因进行自我对话?

我们以断崖式分手为例。遭遇断崖式分手时,维持痛苦型归因是"他是不是就没爱过我"或者"我肯定是哪儿做错了让他失望了"这样的答案。而增进关系型归因(注意这里的"增进关系"指的是改善我们与自己的关系)是试着在对方身上、对方的问题上找答案。

比如,或许是他情绪不成熟,面对感情中的压力和自身情感波动时,只会采取逃避的方式。或许是他的工作或原生家庭出现了巨大的压力或变故,他本来就能力有限,现在更没有精力处理感情问题了,于是选择了断崖式分手。换句话说,是因为他缺少应对复杂情绪和状况的能力,并不是你的错。

再如,也许是他的心理创伤在你们的相处过程中突然被触发了,于是他本能地想要以离开来保护自己。但这也不是你的错,也不是你不值得被爱或者他不够爱你,而是因为他还没能应对自己的心理创伤,还不知道该怎么爱自己、该怎么和你交流。

又如,或许对方遇到了新的吸引他的对象,但他用断崖式分手来应对,说明他是一个容易被新鲜感影响的人。他没有足够的忠诚度和责任感来维持一段稳定的关系,也没有成熟的心智和能力来体面地告别,是他的价值观和能力不够好。

　　当然，如果回顾过往，你发现自己在相处方式上确实有问题，比如曾很多次在吵架时人身攻击对方，或者好几天不理对方，也不曾好好倾听过对方，那么对方可能是积累了失望，终于绝望，于是下决心分手。即使是这样，我们依然可以采取增进关系型归因：的确是我搞砸了这段关系，但我也终于意识到了问题，也有了机会去成长为一个更好的自己。

　　在咨询中，我和来访者也经常面临许多痛苦却无法求证的"为什么"。这个时候没有标准答案，更接近人性规律的，更能让来访者唤起自尊、自爱和信心的，就是好的答案，也是对来访者来说更有用的答案。

　　比如，我的很多来访者在面对关于自己的"为什么"时，总是采取"我是个坏孩子、我太糟糕了、我不够好，所以我只配得到这样的对待"这样自我攻击的归因，或者"所有人都是坏人，所有人都会伤害我"这样对世界丧失希望的归因。而他们后来得以改变，也是因为他们渐渐采取了能让他们对自我的感受更好一些、对世界多些信心的归因方式。

　　有一些猜测在他们求证后发现的确是事实。比如，他们的母父对他们如此控制或者如此刻薄，是因为无法处理自己的创伤，也未曾排解心中的焦虑和恨意，所以缺少"爱的能力"，爱得很糟糕。但母父依然想爱他们，于是尽全力给予他们自己曾经求而不得

的爱的方式——稳定的住所和物质保障、竭尽全力的
教育机会和教育资源，等等。

但也有一些猜测我们永远无法求证。在第一讲提
到的《早安，怪物》这本书里，就有这样一个令人动
容的案例。

来访者丹尼和家人是克里族人，他们曾一
起在远离加拿大的北部原始森林中过着游牧生
活，阖家欢乐。但这样的生活只持续了没几年，
因为加拿大开启了"文化灭绝"行动，白人官员
带走了尚且年幼的丹尼和姐姐。

后来的十多年，丹尼和姐姐，还有其他原
住民的儿童一起生活在与世隔绝的教会学校。在
这个学校里，他们甚至没有名字，只有制服与编
号。他们被迫放弃了所有传统习惯，剪去了头发。
在丹尼的传统文化中，剪头发是对错误的惩罚，
也是对当事人的一种羞辱。

更糟糕的是，由于丹尼和姐姐年龄不同，
所在的住宿区和学习区不一样，丹尼和姐姐再也
没有见过面。

他们被迫开始学习英语以及加拿大主流文
化的一切。对还是孩子的丹尼来说，他根本不明
白发生了什么，只感受到翻天覆地的混乱、失控
和危险。

237

　　这一切对丹尼来说已经充满了恐惧和伤痛，更不要提他在教会学校还经历了长期、多人的性侵。

　　当丹尼在 18 岁成人后终于自由、可以回家时，不仅姐姐消失了，家和家人也全都变了。尤其是父亲，父亲不仅整日醉醺醺的，还经常冷言冷语地嘲讽丹尼——当丹尼习惯性地说了英语或者遵循了加拿大主流文化时，父亲就会愤怒地攻击丹尼。父亲认为丹尼这么做是一种恶劣的背叛，丹尼变成了"敌人"的一员，和"敌人"一起伤害他们——但明明，丹尼和家人一样都是受害者，甚至是更痛苦的受害者。

　　丹尼的父亲为什么对他这么排斥和冷漠？如果父亲知道了他经历的一切，会不会谅解他？甚至重新开始爱他？但丹尼永远无法知道了，因为父亲在酗酒的浑浑噩噩中去世了。

　　而丹尼在咨询师的引导下采用了能更理解自己，也更悲悯人的脆弱性的答案。

　　比如，作为一个孩子，他在孤苦无依的环境里，只能认同强势的大人和文化来获得生存保障，即使他们伤害了自己——这不是对自身族群、家人、自己的背叛，这是一个孩子在绝境中的拼命求生，支撑他的恰恰是他对家人的爱和思念。

　　再比如，他的父亲深爱过他和姐姐，也深爱过他们的家和曾经的生活。正因为如此深爱，遭遇被剥夺孩子和生活的重击时，没能得到帮助，也丧失了对未来的希望时，父亲才会久久无法释怀，以至于酗酒度日。对丹尼这么糟糕，也是因为父亲无法面对那个无能的自己和糟糕的现实。

这样想，丹尼慢慢接纳了父亲，接纳了自己的脆弱性，也相信了爱曾存在，并且之后依然可以存在。这样的归因，让丹尼得以重新爱自己和人生。

正在阅读这本书的你，如果正身处类似的困扰中，或许也可以尝试一下这么做，主动选择这样的答案的过程，也是一场爱的自我对话，还可能让你拥有更多选择爱或选择不爱的勇气。

不背叛自己，何以成为可能？

个人承诺、道德承诺和强迫承诺

除了沟通和归因之外，亲密关系中还有一个重要议题，就是承诺。比如，我们要白头偕老；再比如，无论富贵贫穷，无论健康疾病，无论人生的顺境逆境，在你最需要我的时候，我都会不离不弃，直到永远。

其实，承诺不仅出现在和他人的亲密关系中，也发生在我们与自己的相处中。比如，很多人会在跨年的时候许下关于改变和成长的承诺——要保持身心健康，要升职加薪，要减肥，要考公上岸，要脱单恋爱。

美国社会学家迈克尔·约翰逊（Michael Johnson）认为，承诺分为三种类型：个人承诺、道德承诺和强迫承诺。简单来说就是，我想要、我应该和我必须。

在亲密关系中，我们总是更关注个人承诺，也就是"因为我爱你，所以我想要这么做"。尤其当我们崇尚爱的自由时，个人承诺似乎成了唯一要考虑的因素。但是，如果想要一段长期稳定的亲密关系，这三种承诺其实都很重要。

对一段亲密关系来说，个人承诺让关系有主动幸福的动力，道德承诺让关系的情感哪怕在低谷，关系质量也维持在一个相对不低的基准线，而强迫承诺会让人在冲动想离开的情况下，有一个冷静再思考的缓冲带。

这也是为什么想找一个好的爱人、有一段好的亲密关系，要关注他的感情，也要关注他的人品和所在的环境，因为人品和所在的环境往往是道德承诺和强迫承诺的根基。

如何运用三种承诺爱自己？

在和爱自己有关的承诺上，我们也可以试着用好这三种承诺的力量。接下来就以"要保持身心健康"这一愿望展开。

个人承诺是唤起自己对健康状态的憧憬。比如，想象健康会带来哪些愉悦的场景、会有哪些目标得以实现，换句话说，是想象未来的、改变后的自己，让未来的自己召唤现在的自己，也让现在的自己向未来的自己承诺。

具体来说，可以设定初步的健康方案，比如运动、调整饮食，尽可能把方案和个人幸福结合起来。如果你喜欢大自然，就承诺自己会经常去户外跑步或者登山，这样，在享受自然的同时也锻炼了身体。

同时，为自己的健康承诺设立奖励机制，当自己坚持完成一个月的运动计划后，就奖励自己一个喜欢的东西，以强化动力。在整个过程中保持记录，让自己看到自己做到了什么，比如，可以准备一个挂墙的年历，某天做到了，就在年历上的这天给自己画一朵小红花。

而道德承诺或许是考虑对他人的责任。比如，意识到健康不仅仅是自己的事情，可以向家人、恋人等承诺，为了彼此更好的生活和情绪，也为了自己的健康，会减少饮酒和抽烟等，请他们一起来督促自己。

如果是自己一个人，或许可以加入一些健康生活的社群。社群一般有共同的准则和目标，比如，互相鼓励、分享健康知识，等等。承诺遵守社群的规则，积极参与活动，这也是一种道德承诺。

下面我们来聊聊强迫承诺。其实，在社交平台上公开自己的新年计划也是一种强迫承诺，让社交压力成为坚持下去的一种紧箍咒。如果你的朋友是支持型的朋友，你也希望从他们那里得到认可，这样做或许有积极作用。但如果不是，这样做可能会带来额外的干扰。

除了社交强迫承诺，还可以试着用经济强迫承诺。比如，提前给某个（你非常信任的）朋友转笔钱，设定好做到多少返还多少、如果没做到就逐步归对方之类的规则。

换句话说，强迫承诺有关对于"如果做不到就会失去什么"的恐惧。

但在承诺前，记得上一讲提到的动机判断，要分辨好承诺背后是自主动机还是受控动机。如果是受控动机，很容易就会失去动力不干了，只有自主动机才能带来真正的个人承诺，也能让人有动力愿意花心思来设计更适合自己的道德承诺和强迫承诺。

让三种承诺协同作用，意味着我们既用好了希望的力量，也用好了恐惧的力量。比如，产生放弃的念头时，出于个人承诺、道德承诺和强迫承诺，我们可能会再三思考，然后分别因为希望感、责任感和对失去的恐惧感，咬咬牙坚持。如果还有一直相伴的伙伴，伙伴是一起前进的动力之一，也能在我们想要放弃的时候，推我们一把、拉我们一把。这样，我们就同时拥有了前进的发动机和放弃的拦路虎。

如何更好地相爱？

关于爱自己，我们就聊到这儿，下面和大家简单聊聊如何更好地相爱。

美国心理学家罗伯特·J. 斯滕伯格（Robert J. Sternberg）提出的爱情三角理论，是心理学中经典的爱情理论。爱情三角理论认为，爱情由三个元素构成：激情、亲密和承诺。斯滕伯格认为，只有同时包含了这三个元素，才称得上"完美的爱"。

激情，是性的唤醒和欲望，也是所有让你辗转反侧、心动不已，甚至有时候是嫉妒、痛苦的那些感受。不过，很多时候，只有激情的爱只是一种迷恋，很快就会消退。

亲密，是两个人在一起，彼此觉得温暖又安全。亲密包括了热情、理解、沟通、支持和分享等爱情中常见的成分，让爱深入和持续。但如果只有亲密，没有激情和承诺，这就只能算是喜欢，很多友谊就是这样的喜欢。

承诺，是指投身于爱情和努力维护爱情的决心。

换句话说，承诺是活在当下，也是面向未来，是一种认知上的决策。但爱情如果只有承诺，那只是一种空虚的爱，缺少动力和爱的细节。

对于短期关系来说，激情和承诺或许可以单方面形成，但亲密需要两个人一起努力。对于长期关系来说，激情、亲密和承诺三个元素都需要两个人一起努力。关系中的爱成长或者消失的过程，也是这三个元素变化的过程，经营亲密关系，也是在经营这三个元素。

两个人能不能经营好一段关系，感情的作用有限，更重要的是双方的能力，尤其是亲密和承诺的能力。很多时候，一个人无法与另一个人保持亲密，其实并不是因为他不想，而是因为他不会。这个"不会"的背后是，他也未曾与自己保持过亲密，他和自己很少进行爱的自我对话，所以他也不知道怎么和另一个人展开爱的对话来增进亲密。

这一点在男性身上更常见。因为性别偏见文化宣导的男性气概，并不倡导带着爱来进行自我对话，也不鼓励他们向内进行自我探索，于是他们也不懂怎么和伴侣用爱的对话来增进亲密。如果再加上固定型思维的影响，他们也很少去学习改进，只会跟自己说："只要我功成名就，伴侣会有的，爱也会有的，而且会有很多。"

遗憾的地方在于，功成名就总是小概率，保持功成名就也不容易。很多人就带着对未来的幻想，放弃了当下的努力，对伴侣和孩子关于爱的期盼视而不见，带着这种寄托于幻想的向外求，不断地令家人失望，最终自己也会失望。

除了亲密，承诺的能力也并不容易。细想一下，关于爱自己的承诺，一些时候也会事与愿违，而爱他人的承诺只会更复杂。只有当我们努力实践了关于爱自己的承诺，我们才能在坚持的细枝末节中学会如何用理性与行动来践行承诺，也才更有可能在爱他人的承诺中迁移这些能力。

这也是为什么我更主张先爱自己再爱他人，也更主张尽可能和一个一直在好好爱自己的爱人在一起。

只有先好好地爱自己，才更有能力来实践"相爱"这件事。也只有当我们原本就爱自己时，才更能判断对方是不是真的爱我们、有没有能力爱我们。即便两个人一时爱得不够好，也能互相引导、一起成长。

更重要的是，当两个人原本就一直在爱自己，那么会更懂得爱背后要经历的翻山越岭，才能更珍惜彼此的心意、能力和付出。

如果你想要长久的高质量的亲密关系，务必要明智地选择伴侣，尤其是原本就在好好爱自己、一直认真生活的伴侣，然后两个人一起精心呵护并滋养你们的亲密关系。

直面阴影，是爱的必经之路

这一讲的主要内容到这里就结束了，最后和大家说点与亲密关系有关的心里话。

我经常在想，有一天，当我们谈到爱与被爱，如果感受到的不再只是憧憬，而是沉甸甸的责任和压力，或许我们会更有机会建设高质量的亲密关系。

比如，美国心理学教授罗兰·米勒撰写的《亲密关系》一书虽然是一本心理学教材，但也正因为它是一本客观又全面的教材，所以全方位地展现了爱与被爱中艰难的种种，也揭开了藏在亲密关系之下的暴力、痛苦与伤害，让我们得以认识真实、完整的亲密关系，直面亲密关系中的艰难与阴影。

如果你清醒地看见了真实又完整的亲密关系，还是愿意投入，我祝福你能幸运地遇到合适的伴侣，更祝福你始终爱自己，用更好的"爱自己"来引领更好的"相爱"。

011

拥抱新生

从此，不再希求幸福，我自己便是幸福

当谈及幸福，如果像上一讲结束时提到的那样，我们对幸福不再只是基于各种幻想带来的憧憬，而是感性与理性整合后带来的坚定，或许我们更能在并不总是美好的真实生活中拥有幸福。

这一讲要谈的"幸福"，并不是人生幸运、爱情美满、工作顺利前提下的"幸福"，而是伤痕累累下、在现实与梦想的缝隙中生长出来的"幸福"。

当我们拥有不再依赖爱情与成功的幸福时，我们就既能在爱情与成功还没到来的时候，仍然珍惜当下、充实过好每一天，也能更清醒地做出有关"爱或不爱"的各种选择，更自在地活出自我，还能更勇敢地面对各种"不爱了"的现实，更平和地过好"不爱了"之后的生活。

关于幸福，我们有太多误解

我们对幸福的误解

我常常在自己和来访者身上观察到，很多时候，我们会不自觉地将幸福当作人生应有的常态，一旦自身感受不到这种"常态"的幸福，就很容易陷入自我否定——觉得自己是个失败者，一定是自己哪里出了问题。换句话说，我们把自身所感受到的不幸福等同于自身存在缺陷。

很多人会认为当自己足够成功、足够有钱、足够好看、被很多人喜欢、有更多的名利时，幸福就会到来，只是因为现在的自己还有缺陷，所以还没有得到幸福的结果。但其实并不是这样。

2021年9月，《柳叶刀》发表的中国精神卫生调查显示，中国成人抑郁障碍终生患病率为6.8%，其中抑郁症为3.4%。根据全球疾病负担研究的数据来看，从1990年到2021年，中国抑郁症患者的数量从3440万增加到5310万，增长了54%；焦虑症的患者数量从4050万上升至5310万，增幅为31.2%。

不只是中国的数据显示"幸福"越来越难，全球数据也不容乐观。澳大利亚心理咨询师路斯·哈里斯（Russ Harris）在他的著作《幸福的陷阱》（The Happiness Trap）里提到这样一组统计数据：

世界卫生组织（WHO）指出，抑郁症是全球患病人数最多、医疗花费最高和最令人虚弱的疾病之一。在过去的每一年，都有 1/10 的成年人罹患临床抑郁症，1/5 的成年人在生命中的某个时刻饱受抑郁之苦，还有超过 1/3 的成年人在某个人生阶段罹患焦虑障碍。而且，有 1/4 的成年人会在某个人生阶段吸毒或酗酒。（仅在美国，目前就有超过 1400 万人酗酒！）

所有这些数据中最令人震惊的是：每两人就有一人在生命中的某个时刻认真考虑自杀，而且会用两周或更长的时间和自杀观念展开搏斗。更可怕的是，每十人就有一人尝试自杀！

也就是说，幸福并不是常态，不幸福也并不是缺陷。生而为人，我们都很难幸免于心理折磨。幸福从来不是一件天然的、简单的、轻易的事情。

在亲密关系里也是这样，幸福并不是常态，不幸福也不一定代表两个人有缺陷。

很多时候，要拥有幸福的亲密关系，不只需要拥有建设亲密关系的能力，还需要拥有靠自己就能幸福的能力。这两个都很难，尤其是后者。

幸福其实违背了本能

为什么幸福这么难？从进化心理学的角度来说，幸福并不是大脑所追求的，生存才是，哪怕是在痛苦中生存。

这里要额外补充一点。当我们说到"进化"，会有一种误解是"我们正在变得更好"。但其实不是，"进化心理学"更合适的翻译是"演化心理学"——为了适应环境而演化，不一定是变得更好，只是变得更能在环境中存活。

比如，第一讲提到，当有人格障碍、原生家庭本身就是威胁时，我们可能会扭曲自己的感受和想法、讨好伤害我们的人，甚至进一步孤立自己，这就是一种为了适应环境而做出的演化。

从演化心理学的视角来说，人类的大脑在本能上会更关注危险。因为越是擅长预见和回避危险，我们就能获得越长久的生命，然后繁衍更多的后代，拥有更大的社群，为生存提供更多的保障。

在这个过程中，大脑会成为一个问题解决机器，它始终关注两个主要问题：为了应对危险，如何得到想要的？如何回避不想要的？

而要拥有幸福，我们需要充分地感知当下拥有的一切、感恩那些我们珍视的，比如，我们有机会摄取知识、我们能自由地呼吸。同时，也理性地意识到我们的每一个过去和当下都在为自己选择或者塑造一个远方，未来虽然有很大的不确定性，但我们依然能有所行动。

也就是说，本能只关注危险、没得到的和想要得到的，而幸福不仅需要关注这些，更需要感知我们已经得到的，感恩我们已经拥有的。换句话说，幸福是整合了过去、现在和未来的"活在当下"，也是整合了"拥有"和"还想要"之后的满足感。

所以，我们可以看到，幸福所需要的知足、珍惜和感恩等，从来都不是人类的本能。本能让我们总是想要拥有更多，但是，拥有得更多就会幸福吗？现实是，那些曾经以为得到了就会幸福的，真的得到了，我们又会习以为常，这个现象在心理学上被称作"享乐跑步机"。

而且，现代社会正在给幸福带来更多的挑战。发达的社交媒体一方面让更好、更多变得具象化，让欲望不断增长；另一方面也让危险变得随处可见，恐惧于是也不断积累。这个时候，外界真实的环境和我们信息处理后形成的心理世界越是不稳定，我们就越难感到安宁和满足。

另外，相对其他动物来说，落单的我们其实很弱小。奔跑速度、肢体力量、牙齿咬合力等都一般，在没有其他工具的情况下，远古时期的我们，打不过很多哺乳动物，一个人遇到陌生的人类群体时，生死也全在他们手上。所以，我们的祖先如果想要生存，还必须从属某个群体。

于是，我们的大脑还会额外关注和群体归属有关的一切，比如，不断地把自己和群体的其他成员进行比较，担心自己是不是被人喜欢、有没有被人讨厌？经常在心里质疑自己：我这么做合适吗？正确吗？我做出了足够大的贡献吗？我和别人一样好吗？我有没有做什么事可能让我遭到排挤？

但另一方面，我们的自由意志又让我们追求独特性。于是，在"合群"和"独特"两者的挣扎中，我们愈发迷茫和焦虑，也更难抵达幸福的状态。

之前我们总说要接纳自我，接纳自我的一个底层议题就是接纳我们生而为人的本能。

认识这些本能，认识到这些本能曾让我们的祖先得以存活，同时，也认识到这些本能可能正在阻碍今天的我们拥有幸福。

然后，当本能发生的时候，不再责怪本能，也不再责怪自己，我们便能获得一些坦然和平静，也能集中精力、发挥自由意志，去选择、去行动、去改变。

还有什么在阻碍我们幸福？

但即使我们意识到了这一点，接纳了自己的本能之后，幸福还是很难。因为我们从小到大并没有什么机会去学习幸福这项能力，不仅如此，从小到大的环境反而还让我们离这项能力越来越远。尤其是我们的学校思维。

学校思维，简单来说就是一种依赖权威、被动选择、缺乏主体性的思维。在学校，目标和规则是权威者制定的，我们被训练接受他们制定的目标、遵守他们制定的规则，然后努力达成那些目标，并根据目标达成的好坏来评价自己、取悦他们。我们还不断地被告知，他们做的都是为了我们好，他们会为我们的长期权益负责。

在这样的过程中，我们没有太多机会探索"我是谁"这个问题的答案，也没有机会探索规则和目标之外的价值观。

如果我们一直像在学校时那样，继续服从甚至盲从各种各样的权威者为我们制定的目标和规则，就很难掌握幸福的能力。

一来，在这样的思维中，我们难以形成"靠自己"的意识，也缺乏练习"靠自己"的机会。

二来，如果人生的路不是真正由自己选择的，也就是第九讲提到的，不是出于自主动机，而是出于受控动机，那么所有艰辛其实都是折磨，即使得到了，也还是空虚和迷茫。

学校思维对亲密关系的影响更糟糕。在学校思维的影响下，我们容易盲从外界告诉我们的幸福的标准和方法，也容易依赖别人为我们的幸福负责。但实际上，每个人都是独一无二的，每一段亲密关系也都是独一无二的，没有完全可以照抄的标准答案。

两个人都觉得好的亲密关系，需要两个人都清晰地知道自己想要什么、自己对高质量的亲密关系有哪些期待。然后，两个人一起根据双方的期待，为亲密关系制定目标和规则，一起为了两个人的幸福用心践行。并且，对彼此的变化保持敏感，当变化来临，也能通过沟通，灵活调整新的目标和规则。

更重要的是，在追寻幸福的过程中，即使身在关系中，也始终为自己的幸福负责，把自己视为自身幸福的第一责任人，同时，也互相为对方的幸福努力。换句话说，独立和亲密共存。

从不幸福到幸福，需要几步？

前面我们一起破解了有关幸福的迷思，也一起寻找了幸福不普遍、很困难的原因。所以，如果你觉得自己不幸福，不要自责，因为这不是你的问题，绝大部分人都这样。

不过，这也不意味着幸福是不可能的，我们依然可以发挥主动性，追求幸福、获得幸福。接下来，我们一起探讨，如何利用 ACT 疗法和动机式访谈疗法这两个心理学工具箱，接近幸福、拥有幸福。

ACT 疗法，让改变成为可能

我们首先简单认识下 ACT 疗法。ACT 疗法的全称是接纳与承诺疗法（Acceptance and Commitment Therapy），它旨在帮助人们提高心理灵活性，使人能够灵活地觉察自己的思维、感受等内在体验，同时不被这些体验过度束缚，根据自己的价值观采取有效的行动，去过更有意义、更充实的生活。

ACT 疗法认为，无论遇到什么难题，我们都可以从中学习和成长；无论处境多么悲惨，我们都能遵循价值行动并有所满足；无论偏离预想的人生轨道多少次，我们都能再次折返并重新启程。

在幸福这件事情上，ACT 疗法中有两个方法很有用：一个是认知解离——让我们不再被情绪、想法等困在不幸中；另一个是价值行动——让我们用行动来实践幸福。

先来看认知解离。认知解离，指的是个体能够以一种客观、超脱的视角，去看待自己头脑中出现的各种想法、观念、记忆、情绪等内在体验，而不被它们束缚，从而避免自动地、不加分辨地认同这些内容，以至于让它们左右自己的行为和感受。

比如，我们常常会把头脑中出现的想法等同于现实，"我是个失败者"这样的想法一旦出现，我们就会深信不疑，并且陷入痛苦，仿佛被这样的语言和思维控制了。

认知解离就能帮助我们打破语言和思维对自己的控制，帮助我们看清"想法"只是"想法"，而不是绝对的"事实"，避免陷入自动的、消极的思维反应模式中。也就是说，认知解离能让我们从这种对想法的过度黏着的状态中脱离出来，不再被想法钩住。所以，也有一些地方会把这个过程称为"脱钩"。

那么，具体怎么运用认知解离来实现"脱钩"呢？命名是最常用的方法。

比如，把"我不配"这个想法命名为"那个'我不配'的念头又来了"。通过这样的方式，我们就能将自己和想法拉开距离，意识到它只是某个时刻的心理事件。

另外，"我注意到我有一个想法：我不配"也是一种命名方式。相比"我不配"，这样的命名方式也是一种更客观的、旁观者视角的、不带有批判性的方式，可以帮助我们把"我不配"看作一个正在"经过"我们大脑的想法，而不涉及"我是谁"，从而避免自我被卷入并深陷其中、难以自拔。

除了语言上的命名，给命名配乐、为命名想象一个具体的画面等，也能进一步协助我们和想法保持一定的距离，比如，把命名后的念头唱出来、画出来。

我们来看一个更具体的例子。我有一位来访者，我们在这里称他为小影。

> 小影曾根深蒂固地把"分手"等同于"失败"——如果是对方提的分手，就是"我被抛弃了的失败"；如果是自己提的分手，就是"我选错了人的失败"；如果还涉及出轨，那就是"我比输了的失败"。

> 总之，无论小影在理性上有多明白"分手"和"失败"没有关系，甚至可能是一种"成功"，但在他快速的自动联想下，"分手"就是和"失败"牢牢地绑定在了一起，导致他在回顾过往的人生时，亲密关系就是一整个板块的灰暗。

也就是说，道理上明明都懂了，但意识和感受就是转不过来，因为想法、观念、记忆、情绪等内在体验，已经形成一种全身心的自动联想和自动反应。这时候，ACT的认知解离就能起作用了。

我们当时做了两个方向的尝试。

一个是对"我失败了"这个念头进行命名，然后唱出来。

不同的人对"失败"的认知是不同的，有的人把"失败"视为绝境和"我不行"，有的人把"失败"视为换一条路的信号，还有的人把"失败"仅仅看作一种结果。

小影就是第一种情况。他将"分手"等同于"失败"，又将"失败"等同于绝境和"我不行"。事实上，不是"失败"本身，而是"失败"背后的绝境和"我不行"引发了他的心理崩溃。

所以，要转变小影的意识和感受，最根本的还是要尝试切断"失败"和绝境、"我不行"之间的自动联想与自动反应，重新建立起一种新的、健康的联想反应。当他对"失败"的自动联想和自动反应有所改变时，"分手"等同于"失败"这个念头也会随之发生改变。

当时，我们把"我失败了"这个念头命名为"悲观小喇叭""丧气小黑云""捣蛋小精灵""误判小法官"，等等，这些名称其实分别描述了这个念头不同的侧面。

通过这样的命名，当"我失败了"这一念头再次出现时，当谈起"我失败了"背后的经历时，我们会跳出来看：这是我们主观上的悲观预测（悲观小喇叭），还是心境上的压抑绝望（丧气小黑云），抑或者是干扰我们自豪幸福的杂音（捣蛋小精灵），以及对自己片面又不公平的评价（误判小法官），等等。

当小影一次又一次用新的名称替代"我失败了"时，他就在经历者的身份上叠加了一个观察者。同时，新的名称以及新的语调，也给念头本身带来了新的感受和联想，在大脑层面上，这相当于激活了新的神经元和神经回路。

另一个方向的尝试，是把"每一段失败的分手经历"画出来。

小影本身没什么绘画技能，所以我们就用很简单的线条和蜡笔来画，只要能看出人物、东西和颜色就可以。

当念头被画出来，它就有了新的形态。这时候，我们就不再会被虚无缥缈又漫无边际的念头困住，而是锚定住了一个新的实体。在这个实体上，改变也成为可能。

比如，画那段被出轨的分手经历时，小影把自己画得很小，把第三者画得很大，从画面就能很明显地感受到小影潜意识里"我比输了"的念头。

我们先是给这张画命名为"那段我认为弱小的我不敌强大的第三者的分手经历"。然后，我们用另一个颜色，在小版的他上又叠加了一个大版的他。画完这个大版的自己后，小影整个人的氛围都不一样了，力量感在他身上仿佛拔地而起。

除了画画，催眠、沙盘和心理剧等也很适合来做这种潜意识的调整和整合。

总之，如果你也有被念头困住的困扰，或许可以试试 ACT 疗法中认知解离的各种具体方法，尤其是命名。一开始可能会有点不习惯，但坚持练习，会让我们在面临消极情绪和想法时收获更多的平和，好比创造了一个心理缓冲地带，为我们的价值行动争取了心理空间和心理能量。

下面我们具体看看 ACT 倡导的价值行动。

价值行动，简而言之是"真正价值观引领下的行动"。所以，要开展价值行动，首先要寻找、明晰我们真正的价值观。

但真正的价值观找起来并不容易。因为从小到大，很少有人问我们：你觉得什么是重要的？在这个问题明晰前，很多人都不是遵循价值观生活，而是带着童年的缺憾生活。

比如，在电视剧《猎罪图鉴 2》里，由陆妍淇饰演的女警李晗小时候家里穷，上幼儿园时，班里其他小朋友都有正版的熊猫侠玩偶，只有她只能抱着姥姥做的山寨版熊猫侠。上台演出的时候，她也只能穿姥姥用蚊帐做的公主裙。因为这些，她被小朋友起了个绰号叫"垃圾孩"。

长大后，她一边对外活得光鲜亮丽，给自己用各种有品牌的好东西，弥补童年物质缺乏的遗憾；一边在家里囤积了大量不需要的东西、各种意义上的垃圾，用囤积行为缓解贫穷曾带来的焦虑，也认同并怀念姥姥曾经给她的爱。

所以，在找价值观以前，我们可能需要先观察自己正在做的，是不是一直在弥补童年的缺憾，这些弥补让我们真正得到了安宁吗？还是依然空虚又焦虑？如果是后者，那可能需要我们停下来自我关怀。

怎么自我关怀呢？自我关怀是承认痛苦、友善回应，也就是，有意识地承认你感受到的痛苦、伤害和折磨，然后用善意和关心的回应方式对待自己。

但很多时候，我们会用自怜应对痛苦。自怜的背后是："我再也受不了了，我从来没有这么糟糕的感觉。这些事为什么发生在我身上？这不公平，别人就不用承受这一切，我要崩溃了。"

而自我关怀是指，像对待爱的人那般对待自己。在咨询中，我经常会问来访者，假如是你最好的朋友、你的孩子、你深爱的家人经历了这些，你会和他说些什么、会为他做些什么？这个问题的答案中就藏着我们能用来自我关怀的言语和行动。

充分的自我关怀后，才是寻找价值观和遵循价值行动。

价值观是我们内心深处最在乎、最希望在生活中去遵循和体现的东西，比如友善、诚实、成就、健康等。ACT疗法强调，我们要明确自己的价值观，因为它们能像灯塔一样，在面对困难、情绪困扰等情况时，指引我们做出符合自己内心期望的行动选择，让生活更有方向感和意义感。

但价值观怎么找呢？

可以试着想象，在自己的葬礼上，我们希望别人如何评价自己。因为这关乎我们对自己这一生的期待和希望。或者，可以回顾过往生活中感到最满足、最自豪的时刻，因为这些最满足、最自豪的时刻，往往也就是最契合、最遵循我们价值观的时刻。通过这样的想象和回顾，我们便能发现背后蕴含的价值观。

找到并实践我们的价值观很关键。一来，价值行动会带来意义感，让我们感受到生活的乐趣；二来，价值行动会让我们可以不再被外界的规则束缚，变得更自由。

但很多时候，我们都是像在学校那样遵循规则去行动，而不是遵循价值去行动。比如，"保持善良"是价值观，但"我应该时刻保持善良，即使有人虐待我"是规则。再比如，"保持学习"是价值观，但"我每周要读一本书"是规则。我们可以看到，规则不仅不灵活，有时候甚至会成为伤害我们的利器。

当我们用价值和规则的视角重新去看第二讲提到的"性别偏见的文化"，我们会发现，性别偏见的文化一直在给女性灌输"你要怎么做"等的规则，却给男性传导"成功、享乐"等的价值观。

于是，在独立思考和觉醒之前，女性很有可能一直在遵守各种规则，哪怕这些规则让她们并不快乐甚至伤痕累累；而男性很可能一直以"成功、享乐"为目标自私地为自己谋求，甚至不惜以伤害别人为代价，同时，如果原有的规则让他们远离了成功、享乐，他们也能更自在地对规则做出调整——就如第八讲提过的，所谓"自在"，便是"自我"始终存在并行使自由意志，这也是权力的体现。

两性在规则和价值观上的行为逻辑差异，也解释了为什么在亲密关系中，女性更容易被束缚，而男性相对更自由。

了解了价值行动的要点后，我们可以试着在工作、爱、娱乐和健康这四个领域观察一下：在你正在遵循的价值和规则中，有哪些规则让你感到不舒服？然后，可以试着按背后的价值观，对这些规则做出更灵活的调整。

比如，"每周读一本书"在工作繁忙或者有其他安排时会成为负担。但如果你意识到，你在意的是"保持学习"，那么当工作繁忙时、身体不适时，就不必苛求自己一定要坚持"每周读一本书"。

因为"保持学习"这一价值观并不一定非得通过"每周读一本书"这一规则来实现。学习的方式可以有很多种，除了读书，你还可以看电影、和别人交流，这些也是学习。读书的时长也不一定和保持学习挂钩，哪怕五分钟也是在保持学习。

再比如，"每天要给母父打电话"这个规则在原生家庭并不幸福、亲子关系并不健康时反而会造成更多的困扰和伤害。但如果你意识到，你在意的是"孝顺母父（换个更本质的说法，就是关心家人）"，那么，当打电话这个规则本身既没有达成"关心"的目的，还影响了你对自己的关心时，就不必强求自己一定要遵守。

而且，当你再次发现自己对这么做感到厌烦时，也可以不再为"厌烦"这一情绪感到愧疚——这并不意味着你不关心家人，而是提醒你或许可以尝试换一种关心的方式。

总之，当我们的价值观越清晰，我们就越有意识地实践价值行动，也就越能够摆脱外界评价、僵硬规则带来的束缚。于是，意义感和幸福感也就都会得到提升。

动机式访谈，让改变持续发生

在不幸福到幸福的改变这件事上，ACT 疗法的认知解离和价值行动，能帮我们减少改变的阻碍、选定改变的方向，并促使我们开始改变。

但让改变持续进行并不容易，尤其对身处绝望低谷的人来说。那么，怎么让改变持续发生呢？尤其是，怎么让痛苦、绝望的人获得持续改变的动力呢？

动机式访谈法是一个有效的工具。接下来，我们就来聊聊这一方法。

当我们一直陷在痛苦和绝望中，我们的想象力可能就会出现问题。就如第一讲提到的那样，创伤会限制我们对未知的想象。当人陷在痛苦和绝望之中，会想象不到比痛苦的当下更好的明天，也想不到要开启行动去改变现状。

一来，消极的情绪太强烈，会吞没我们的注意力和记忆。在没有觉察并管理情绪之前，我们的注意力和记忆都会转向和情绪更一致的消极事情上。

二来，这是潜意识里的心理防御机制在起作用。因为如果去想象美好的未来却又无法实现，可能会带来更大的失望和痛苦。为了避免遭受这样的心理打击，在自我保护的本能下，潜意识会抑制想象力，让人不去想象更好的可能。

比如，一个曾经在感情中屡屡受伤的人，会对自己、对他人、对关系甚至对整个世界都感到绝望，会想不到也不敢想自己还能遇到美好的人和亲密关系。

不过，从优势视角和成长型视角来看，痛苦也是一种情绪动力。因为当痛苦出现，通过探究痛苦的根源，我们也得以审视内心。在这个过程中，我们有机会近距离观察自己的思维模式和情绪反应，观察我们和关系或者环境的互动状态，让我们看清楚什么是我们在意的、什么是我们不能接受的。

所以，在唤起想象力之前，我会先问来访者两个问题：

● 这个痛苦是陌生的还是熟悉的？如果是

熟悉的，你还想到了过去的哪些痛苦？

● 如果痛苦会说话，它会告诉你什么？

第一个问题能让我们辨别这次的痛苦究竟是偶然，还是我们相对固有的环境和行为模式等导致的重复性痛苦。

如果是前者，比如一次交通意外带来的痛苦，那要做的是康复和应对心理创伤；但如果是后者，比如反复被排斥造成的痛苦，那就需要更多的经历回顾，来调整、改变个体心理和人际环境等。

第二个问题，也就是痛苦在告诉我们什么，这句话更多的是在引导来访者带着接纳和探索进行自我对话，可能是更多的倾诉和表达，也可能是思考怎么办。

只有像这样充分地认识痛苦之后，我们才能够对痛苦背后的需求做出回应，痛苦中的创伤才有可能被疗愈，我们的想象力也才能不被创伤压抑。当想象力有了生长空间、发挥余地，它也就能为具体的行动提供强大的动力。

那么，该怎么召回想象力呢？可以使用奇迹提问法：

"假如今天晚上你睡着了，在你睡着的时候，奇迹发生了，这个困扰你的问题一下子就解决了。但是因为你睡着了，并不知道奇迹发生了。第二天早上醒来，你会发现有哪些不同呢？你第一个注意到的变化会是什么呢？接下来又会看到哪些不一样的地方呢？"

如果你是自己做这个奇迹提问，最好找一个安静的、不受打扰的空间，眼前放一个能带来积极情绪的物件，比如你心爱的摆件、你小时候的照片等。然后，设定一个半小时或更久以后的闹钟，打开录音，开始天马行空地说。即使说不出，也停留在那儿，直到你的整个身心都接收到"你一定要做这件事"的信号，你的大脑就会开始发挥想象力。

一开始用奇迹提问法，率先听到的大多真的是奇迹，比如性别变了、他突然爱我爱得不行，等等。这时候要接着问，假设的确性别变了，你的选择和行动会有哪些变化？像另一个性别那样生活，对你来说意味着什么？有哪些是现在的你就可以尝试的？或者，假如他的确突然爱你爱得不行，他会有哪些具体表现？有哪些话、哪些要求，你曾经不敢说，但现在能够表达了？有哪些是现在的你就可以说说看的？有没有可能重新找一个那样爱你的人？

在奇迹提问法中，我们可以通过思考希望发生的变化，来体察自己内心的需求；可以通过思考变化后的生活，来让内心需求更加具体和形象；还可以通过思考有哪些是现在就可以尝试的，来将注意力渐渐聚焦到行为和选择上。而我们的行为和选择，正是改变得以发生并持续的关键。

不过，改变还有个难点，那就是矛盾心理。我们以离婚为例。离婚和不离婚这两个选择都有各自的好与坏，交叉比较的时候，我们很可能就会陷入矛盾心理。

这个时候，用动机式访谈法可以这样提问："我感觉你好像有点矛盾，一方面你提到想离婚，可另一方面又有些犹豫，你心里关于离婚这件事情有哪些想法？能不能具体说说看？不管是支持离婚的还是不太想离婚的理由都行。"

然后接着问："离婚可能会带来一些好处和一些难处，对你来说分别是哪些？对你来说，你觉得这些好处和难处哪个影响更大？假如最大的好处是 10 分，最坏的难处是 -10 分，不好不坏是 0 分，我们来试着给好处和难处打分。"

关于担忧的难处，我们会接着聊："你刚刚提到，有些担心离婚后孩子会不适应，那我们一起来讨论一下，有没有什么办法可以提前应对这个情况？或者说，假如真的出现了，还有哪些解决方法？"

如果依然很犹豫，我们会继续这样讨论："有时候我们做决定是挺难的，尤其是离婚这样的重大抉择。我们现在不着急做决定，先试着做一点点改变，比如把更多的时间、精力留给自己和孩子、为自己存更多的钱，等等，你觉得有没有什么是你现在就想尝试的？"

通过上面的这些提问，我们可以把支持改变和阻碍改变的各种想法都表达出来，这将有助于我们厘清自己的矛盾心理，从而更好地直面我们的矛盾心理。然后，我们可以慢慢思考，用理性来权衡利弊。

在这一过程中，我们可能会发现改变带来的难题。但是，也正因为我们更清晰地看见了难题，我们才能找到难题的突破口，思考应对难题的策略方法，也才更有可能找到解决办法。而当我们意识到，改变带来的难题是可以解决的时候，我们犹豫的程度往往会降低，对改变的态度也会更加积极。

更重要的是，即使一时还无法迈出巨大的一步，也可以给自己设定循序渐进的、试探性的尝试计划，从相对轻松且低风险的改变开始，一点一点积累憧憬和信心，一小步一小步走向未来。

最后，当决定已经做出，我们还可以用下面这五个问题来强化改变意愿：

- 为什么你会想要做出这种改变？
- 你将如何去做以便取得成功？
- 对你来说，去做这件事的三个最好的理由是什么？
- 做出这个改变对你来说有多重要？为什么？
- 那么你认为你将会做什么？

这五个问题，一来让我们再次思考"为什么要改变"这个问题的答案，再次强化了改变的动机；二来也细化了改变的具体行动方案，尤其是如何迈出第一步，促使我们更好地开始行动；另外，这五个问题也能引导我们想象"成功"的画面，唤起我们的憧憬感和希望感。

也就是说，这五个问题让我们看到了起点，也看到了路线和目的地，改变于是也得以更好地开始和持续进行。

在咨询中，除了聊这五个问题，有时候我还会鼓励来访者写一篇名为《为什么我想要做出某种改变》的命题作文。这篇作文本身既是一种个人承诺，加上咨询关系的见证，一定程度上也是一种社交强迫承诺，让改变更有可能发生。如果你也打算写，写完也可以找一位你在意的、支持欣赏你的亲朋好友见证这份承诺。

另外要注意的是，使用动机式访谈法时，我们很可能会一次又一次地被卷入消极的情绪、负面的想法、不合理的信念中去，有时候是自责，有时候是对他人的怨恨、对环境的不满，等等。这些都很正常，我们不必因此感到气馁或绝望，也不必强迫自己屏蔽这些情绪、想法或信念。

我们可以先停下来，试着认知解离，保持充分的耐心观察自己。先自由地记录，然后休息一会儿，回看记录的内容，像上一讲中说到的那样，用关怀视角、优势视角和成长型视角来认识它们、接纳它们，再重新回到"改变"的议题上。

如果之后改变还是遇到了阻碍，也不用气馁。因为这一讲介绍的 ACT 疗法和动机式访谈疗法，只是心理咨询中的两个工具箱，还有许多的工具箱可以为我们所用，帮助我们改变。比如，上面提到的催眠、沙盘和心理剧，再比如，存在主义疗法、完形疗法、家庭疗法、认知行为疗法、叙事疗法，等等。

不同的工具箱适合不同的人、不同的心理状态和不同的议题。即使是同一个人，在不同的改变上，这些工具箱也可能发挥截然不同又互相配合的作用。

总之，帮助我们改变的工具箱有很多，我们需要靠知识和智慧找到适合自己的工具箱，来协助自己改变。

当然，在改变这件事上，更关键的还是我们的信念，我们需要坚定要改变的决心，承担改变可能会带来的风险，为改变做出全方位的努力。

成长的核心，是认识和接纳

最后，我想和大家简单聊聊成长。

我们总提"要用好经历去成长""好的亲密关系会让彼此都获得成长"，等等，很多人会觉得成长就是"变得更好"，但其实不是。

成长是"成为你自己"。具体来说，是能够更完整地觉察自我，并在觉察和过往的经历中发现自我，发现童年和环境如何塑造了我们，最后带着接纳和好奇来重塑自我。重塑自我这一步可能是变得更好，也可能是躺平甚至是不再那么好。

总而言之，认识你自己，接纳你自己，才是成长的核心。

我曾在自序里说，希望大家看完这本书后，能在"爱或不爱"的议题上更清醒一些，也更轻松一些。其中，"清醒"的背后就是认识自己，也是认识亲密关系。而"轻松"的背后是接纳自己，也是接纳爱或不爱的现实。

当然，如果你认识自己、接纳自己以后，还能用行动爱自己，那就更好了。

至于亲密关系，还是之前说的，爱很好，不爱也很好。

祝愿你始终有勇气，也有智慧，认真地去过你想过的人生。也祝福你心中始终有爱，无论是爱自己，还是爱其他的存在。

生而为人，伤痕累累，爱是救赎，也是意义。

012

好奇心

爱的种子，也是爱的行动

在"看理想"App 的音频节目《不爱了》中，最后一讲其实是上一讲，也就是"幸福"这个议题——从"不爱了"开始，到"幸福"结尾，是一个不再依赖关系而幸福的疗愈过程，也是一段找寻人生意义和内心平静的旅程。

但现在，我想以"好奇心"这个议题作为结尾——幸福是一种状态，而好奇心是一种态度，更是一种带来想象力和可能性的动力。

好奇心为什么这么重要？

好奇心塑造叙事和人生

好奇心会促进我们主动学习和记忆。当我们对某个问题感到好奇时，大脑的奖励系统（比如多巴胺回路）会被激活，同时负责记忆的脑区海马体也会变得更加活跃。也就是说，好奇心会让我们享受学习过程本身，还能让我们的记忆更加牢固。相比于优绩主义等外界压力的鞭策，好奇心是一个人内在的驱动力，学习的推动力不再是外界的评价和成功的结果，也不再是恐惧和焦虑，而是一种探索和享受。

多项针对中老年人的调查研究发现，好奇心能延缓自然衰老带来的认知衰退，延续大脑的年轻活力。因为好奇心不仅给大脑带来持续的新刺激，让大脑保持"认知锻炼"，过程中产生的积极情绪对大脑和身体来说也是一种"心理营养"。比如，芝加哥拉什大学医学中心罗伯特·威尔逊（Robert Wilson）教授带领的研究团队发现，在排除物理原因对大脑的影响后，那些长期保持阅读和写作习惯的老年人，智力衰退速度比只有平均阅读量和写作量的老年人会减缓三分之一。

人类是叙事的产物。我们通过叙述自己和周围人的故事为人生赋予意义——并不是客观经历本身塑造我们、告诉我们关于"我是谁"这个问题的答案，而是主观的记忆和叙事影响着我们对自我身份的认同，也影响着我们当下的感受、期待怎样的未来、每一次又会做出怎样的选择。

当你对自我、对这个世界依然怀有好奇心，对自我和世界保持追问和探索，尤其是好奇"我有多了解自己？我是如何成为现在的自己的？是什么塑造了我的动机、情绪、行为和关系模式？"等等，那么你的记忆和叙事就依然具有改变的可能性，你和你的未来也会迎来新的可能性——即使是"已成定局的过去"，好奇心也会像一束光、一个显微镜那样，让你拥有新的解读视角，发现曾被忽略的细节和光景，这时候，你关于过去的叙事就会发生改变。

比如，原来那段关系的失去不是"失败和无能"，而是"勇敢的尝试"；那些伤害也不是"伤痛的终点"，而是"韧性的起点"。当你的过去改变了，关于"我是谁"的答案，以及你的现在和未来就都有可能发生改变。

换句话说，好奇心是为你的人生"更新叙事"的能力。它为你的过去和现在注入新的觉察和解释，也会为你的未来打开新的可能性。无论是在不断变化还是僵化沉重的环境中，拥有好奇心、保持追问和探索的人，便获得了"改写人生故事"的自由，更获得了参与"塑造外部世界"的能力——很多变革和惊喜，都源于一颗未被满足的好奇心。

上一讲我们提过，从演化心理学的视角来看，为了生存，人类的本能总是更关注危险。但人类的高级认知能力也给予了我们好奇心，好奇心让我们在关注危险之外，唤起对未知和未来的憧憬。本能经常让我们活在恐惧和欲望之中，渴望安全和确定性，但好奇心会给予一些人勇气和动力，在直面风险和焦虑的同时，追求自我的成长和人生的意义——不只是为了活下去，更是为了热烈地活着。好奇心和心理弹性一样，是重要的"心理免疫力"，也和成长型思维一样，是重要的"成长驱动力"。

当我们在好奇心的协助下抵御住对安全和确定性的本能渴望时，我们会获得质疑的能力——质疑现状、质疑自己的信念、质疑对过往的记忆、质疑权威、质疑主流甚至质疑一切。质疑可能会让我们暂时丧失一些安全感，但也正是质疑，让新的可能性得以生根发芽。

女性主义的崛起也始于对"或许事实并不如此"的好奇和质疑。质疑不只是简单的、表层的"唱反调"，它是对现状的审视："为什么女性不能投票？""为什么女性就是他者？"它也是对自我信念的反思："我是否在无意中也认同了性别偏见？""我是否因为性别偏见主动放弃了自己的权益？""我是否因为性别偏见限制了我或者我母亲、我女儿的人生发展？"它更是对结论和定论的深度探究："女性天生就是弱者吗？""女性天生就不擅长数学吗？""证据在哪里？证据可靠吗？"

这种全方位的质疑最初会让人不安，好比一些旧房子虽然让人不满意，但不管怎样总是个能住的"家"，主动拆掉或离开这个家会让心灵一时间"居无定所"。但是，只要我们带着不安和好奇一点一点选址并建造新的建筑，不安会消失，新的希望和满足会拔地而起。

不只是性别平等，对于"以工作为中心的社会"和优绩主义的反思与变革，对于种族平等、教育平等、经济平等的渴望与变革，好奇心都是最有力的催化剂和推动力。

不爱了，是从失去好奇心开始的

除了成长与发展，好奇心还能提升人际关系质量。当我们对彼此的经历和想法保持好奇，无论是友情、亲情还是爱情，关系的满意度都会更高。因为好奇心会让我们更有意愿了解彼此，会更主动地观察、倾听和提问，而真正的懂得会带来更好的关怀和欣赏，建立更深刻的心理连接。

比如，在交流时，自恋或自卑（都是自我中心化的不同表现）会让人更多地表现自己或者关注对方对自己的评价，但好奇心会让人更多地通过提问来了解对方。当两个人都这么做时，交流不仅会变得更有趣，交流的双方也会感受到更多的情感流动。

但要注意的是，并不是所有提问的背后都是好奇心，一些提问只是为了刺探隐私或者其他自私的意图，比如"你是不是生气了"这样的封闭式问题，可能只是想知道发生了什么或者为了说出那句"你情绪太不稳定了"这样的负面评价。真正的好奇心是探索式提问，会更多地采用开放性问题，比如："你现在的感受和想法是怎样的？现在的情况和你期待的有哪些不同？"探索式提问不仅能增进了解与合作，还能增强彼此的情感共鸣。

现在我们来具体聊聊好奇心与亲密关系。

你知道亲密关系为什么开始时总是分分钟都妙不可言吗？美国心理学家亚瑟·阿伦（Arhur Aron）提出的"自我延伸理论"可以用来解释这个现象。自我延伸理论认为，人天生就具有扩展自我认知、能力和经验的内在动机，在现实生活中，我们通常通过探索新事物、获取新的信息、挑战自我或建立新的关系来满足"自我延伸"的动机。比如，旅游、尝试新的爱好、学习一个新的技能、谈一段新的恋爱等都可以实现自我延伸。

在亲密关系中，恋爱刚开始的时候，我们不仅在透过对方的眼睛重新看待这个世界——我们熟悉的世界因为对方的加入变得不一样了，还在强烈地感受到自己正在因为对方的出现而发生改变，两个人都在扩展彼此的兴趣、技能和经验，那些共同尝试的新事情，让两个人的自我都获得了延伸。

如果再叠加"初恋"这个元素，自我延伸的体验会更强烈——"初次恋爱"本身对我们来说就是一种自我延伸。也就是说，初恋让人难以忘怀，有时候不一定是因为"爱"，而是因为这是我们第一次体验有关爱与亲密关系的自我延伸。不只是"初恋"，出轨时遇到的"真爱"也不一定是因为"爱"，而是新的人、新的关系和出轨的体验本身就会让人体验到自我延伸带来的激情和快乐。

研究发现，一段关系带来的自我延伸越多，人就会感受到更高的关系质量和幸福感；反过来，当自我延伸越来越少甚至受到阻碍时，关系的满意度就会下降，彼此的负面情绪就会越来越多。这也是"七年之痒"和"中年危机"常常让人"不爱了"的原因之一，当两个人越来越熟悉，当生活本身变得按部就班甚至一眼看得到头时，自我延伸也在迅速消逝。

好奇心的缺乏对亲密关系的影响不只是自我延伸的减少。心理学研究发现，一个人的好奇心程度越低，就越可能依赖自己固有的思维定式来认识他人。他们很容易坚持自己对对方的第一印象，即使后来的互动中出现了明显的证据表明这第一印象是错误的，他们也很少对自己的认识做出调整。比如，第一印象觉得对方可靠且关心自己（也许是因为对方准时出现在了约会现场，点餐的时候还会询问你的喜好），即使后来对方一而再再而三地食言甚至暴露了更多的谎言，却还是"相信对方的本质是可靠的、是爱自己的，那些不对劲都有理由或苦衷"。反过来，当一个人缺少好奇心，也很容易因为错误的第一印象错过其实还不错的潜在伴侣。

总之，好奇心的缺乏会造成人与人之间的偏见，增加隔阂与冲突发生的可能性。

更麻烦的是，当一个人缺乏好奇心，还很容易把与自己信念不一致的信息视作一种威胁，于是他们会封闭自己的思维，抗拒接纳与自己相反的意见甚至连倾听都很难做到。

比如，一对情侣谈到未来要不要生养孩子这个问题时，两个人可能会因为不同的性别视角和不同的人生经历产生不一样的看法。这时候，如果两个人都有好奇心，那谈话就是一个增进互相了解、讨论并产生一些新的观点的过程。但如果其中一方缺乏好奇心，并且坚定地认为"养孩子会毁掉亲密关系，还会毁掉我们的人生"或者"女人就应该生孩子，没有孩子的人生和婚姻是失败的、没有意义的"，那么无论伴侣怎么说、无论他看到了多少其他人在育儿过程中的温馨或艰难时刻，他或者直接抗拒接触这些信息，或者立即打断说"这些都是假象"，完全拒绝了解伴侣的视角，也拒绝探索是不是存在其他可能性，沟通、调整与合作也就变得毫无可能。

再比如，新的科技和产品出现时，有好奇心的一方可能会兴奋地和对方分享、建议家里尝试那些新产品，但缺乏好奇心的一方很可能直接嗤之以鼻："这些东西都是骗人的，我们那辈没搞这些不也活得好好的？"连了解的耐心都没有。

也就是说，好奇心的缺乏很可能会让一个人难以应对两个人的差异，也很难处理关系中遇到的新信息、新问题和新挑战，让关系中的对话空间越来越窄，最终可能演变成"各说各话"的孤立状态。同时，对于关系外不断变化的环境和社会，好奇心的缺乏也会造成一个人的适应不良。

但如果亲密关系中的两个人都始终怀有强烈的好奇心，保持对自我、对彼此、对这个世界的追问和探索，也都在保持成长，那么一段关系无论多长期，我们不仅一直在和全新的自己相遇，也一直在和全新的彼此相遇——自我延伸始终在发生，我们的适应能力也始终在增强。从某种程度上说，好奇心是最重要的爱情保鲜剂之一，也是最重要的适应能力之一。

换句话说，无论是对自己、他人还是这个世界，不爱了，是从失去好奇心开始的；不会爱了，也是从丧失好奇的能力开始的。

好奇心为什么越来越稀缺？

消遣性好奇与认识性好奇

从某个角度来说，好奇心是我们与生俱来的本能，也是我们得以长大和在社会中生存的基础。是什么让好奇心越来越稀缺，或者说是什么让好奇心越来越收窄？

在具体谈论这个问题前，我们先来看一下好奇心的分类。

英国心理学家丹尼尔·伯莱因（Daniel Berlyne）曾对好奇心的分类做出大量研究和重要贡献，后来的科学家在他的研究基础上提出两种类别的好奇心：

● 消遣性好奇：表现为对新鲜刺激的广泛兴趣（如刷社交媒体、追求娱乐性信息），目的是缓解无聊或寻求感官刺激，具有短暂和分散的特点。

● 认识性好奇：指向深度理解的求知欲（如钻研一个问题直到弄懂），与学习动机和认知成长直接相关，具有持久和目标导向性的特点。

比如，看了一些小说或短剧的开头后好奇这个故事后来的发展，便是一种消遣性好奇。这样的好奇能快速被刺激产生，也能相对简单地得到满足。

认识性好奇是怎样的呢？比如，当玛丽·居里女士发现一些铀盐样品会使空气导电后，如果止步于消遣性好奇，很可能只是猜测或许是仪器坏了，或许是其他偶然性的因素，于是换设备进行重复实验。但玛丽·居里女士的认识性好奇让她就此开启了系统性实验，测试所有已知元素，发现钍也有类似性质。在这个基础上，她提出了"放射性"概念，并在之后的实验研究中分离出了钋和镭，两次获得诺贝尔奖。也就是说，认识性好奇并不满足于一个简单的、表面的解释，而是不断地主动创造未知，探索这些未知背后的答案。

简单来说，消遣性好奇更依赖外部刺激，也更走马观花和喜新厌旧。当大脑的奖赏回路被激活，让人产生"想知道是什么"的冲动和欲望时，注意力便会被吸引过去；当遇到新的刺激时，注意力也很容易立刻被转移，"上一次好奇"很快变得乏味，甚至很快被遗忘。但认识性好奇还涉及大脑中与认知控制和深度学习相关的前额叶皮层，让人产生"想知道是什么、为什么、还能怎样"等更专注、更持久，也更有行动力的计划。

两者是可以互相转化的。比如，同样是对一些故事的发展感到好奇，消遣性好奇可能只是想知道故事的结局，但认识性好奇可能会进一步追问：这些故事中的哪些元素让人物走向了这个结局？我会被这些故事吸引的原因是什么？主人公和我有哪些相似的地方，又有哪些不同？——这些追问会带来自我探索和自我成长。

不同的兴趣、个人经历、职业特点和知识储备等会带来不一样的追问，比如，有的人可能会追问流行故事的背后反映了怎样的社会特点和发展阶段，有的人可能会追问什么样的故事模型会最大程度地吸引哪些人群花钱购买，等等。

也就是说，消遣性好奇是本能，也是一时的情绪和欲望；而认识性好奇是能力，也是更深思熟虑的选择，会激发丰富又持久的努力，满足起来更难，但收获也更多。

随着互联网和算法的发展，在人与人之间，一种新的分界线开始浮现——有认识性好奇的人和没有认识性好奇的人。随波逐流的情况下，消遣性好奇正在越来越井喷，而认识性好奇却越来越稀缺。

是什么压抑了认识性好奇？

但认识性好奇的稀缺不只是因为外部环境的影响，其实自童年起，很多人的认识性好奇就已经处于被压抑、被忽视的状态。这是为什么呢？

前面提过，依恋理论认为好的依恋关系是安全基地，一个人有安全基地才有心力去探索更大的世界——安全型依恋不仅会带来更好的爱的能力，也会带来认识性好奇的发展。

而对于非安全型依恋的人来说，在过往的童年经历和原生家庭里，当爱很难得到，他就会追求控制——控制重要养育者对他的关注和照顾，控制自我的感受。焦虑型依恋、回避型依恋和混乱型依恋的形成，本质上都是一种生存策略，满足我们对安全、安抚、亲近和可预测性的需求。

在孩童时期，重要养育者的主要依恋任务包括：

- 在孩子还不能保护和安抚自己的时候提供保护和安抚。
- 引导孩子尝试并学会保护和安抚自己。

这两项任务是通过重要养育者与孩子之间调谐的协同调节达成的。其中，协同调节是指重要养育者的心智和大脑影响孩子的心智和大脑。

调谐的养育方式能帮助孩子调节自己的思想、情感、认知和行为，不仅会建立孩子对亲子关系的信任和依赖（也就是安全型依恋），还会协助孩子发展自我调节及与外界沟通互动的能力，让孩子得以为自己承担越来越大的责任（这也是为什么好的亲密会让人拥有更好的独立）。

具体来说，调谐的重要养育者对孩子发出的信号会很敏感，当孩子无法应对面临的情况并发出信号时（比如咿咿呀呀、哭闹、肢体摆动等），重要养育者不仅会关注到这些外部表现，还会猜测孩子的生理需求和心理状态，然后可能会检查孩子的尿布、观察孩子是不是冷了饿了，等等，做出在行动上具体的尝试来满足孩子的生理需求，并通过抚摸孩子、抱抱孩子、对孩子说话来安抚孩子不安的心理状态。

但如果不能以调谐的方式关注并满足孩子的需求、安抚孩子的焦虑，孩子会对重要养育者失去信赖，对自身能否存活感到不安，对自己的需求是否能得到满足也没有信心，心理状态也可能时不时处在难过、焦虑、失望甚至绝望中。

为了存活，也为了让自己感受"好"一些，孩子便发展出了自认为能满足自己依恋需求的策略。比如，压抑并隔离自身的情感，减少对重要养育者的期待，只在生死存亡之时拼命吸引关注（回避型依恋的主要表现）。再比如，经常声嘶力竭地表达自己饿了、不舒服了，因为只有超常的行为表现才能吸引重要养育者的关注，获得需求满足的可能性（焦虑型依恋的主要表现）。

对非安全型依恋的孩子来说，他们的注意力和精力经常聚焦在自身需求的满足上，这在很大程度上占据了他们原本可以用于发展好奇心的注意力和精力，他们很可能在情绪问题的应对上已经精疲力竭。

另一方面，当重要养育者无法给予孩子稳定又良好的照料，孩子自己会形成一些策略来最大限度地吸引他们的关注，避免自己被失望、无助、羞耻和恐惧淹没。渐渐地，孩子不自知地割裂了自我的情感和认知，也割裂了想象的世界与真实的现实。

比如，也许孩子对重要养育者是愤怒的，自己是委屈的，但是为了维持关系，孩子告诉自己，他们是关心自己的，自己是感恩的；再比如，也许孩子渴望重要养育者的陪伴，但是为了避免失望，孩子告诉自己，他们有更重要的事，自己不需要，也不在乎他们的关注。

这样的割裂会让孩子无法调动自己完整的认知资源和情感资源来发展好奇心，尤其是认识性好奇。认识性好奇既需要情感上的动力和投入，也需要认知上的思考和计划。

良好的亲子调谐以及调谐过程中的情绪滋养，对于健康的大脑神经发育来说是一种至关重要的需求。

当孩子拥有一个稳定可靠的、能保护他安抚他、在心理上不断投入且不会给予他回报压力的重要养育者，大脑的边缘系统才能稳定（尤其是关注威胁、触发警报系统的杏仁核和帮助大脑处理新信息并产生理解和记忆的海马体），然后负责感知、言语、推理和抽象思维功能的大脑皮层会得到更好的锻炼和发展——而这既是认识性好奇的生理基础，也是认识性好奇得到锻炼和发展的过程。

说到这里，你可能会想，在安全型依恋的情况下，孩子的认识性好奇就能得到激发和发展吗？

也不一定。虽然安全型依恋为孩子打下了良好的生理基础和心理基础（更健康的大脑和更积极的情绪状态），但还不够，认识性好奇的发展需要更多互动——尤其不会说话前的"指向"和会说话后的"提问"，这对于时间、精力和知识都相对有限的重要养育者来说是极大的挑战。

孩子还不会说话的时候，他的好奇心会通过眼睛的注视、手部的动作、整个身体的朝向等表现出来，也就是"指向"。孩子的指向既是好奇心的表达，也是在引导重要养育者去关注他正在关注的事物。指向是一种提问——孩子想和重要养育者通过"共享注意力"的方式来引导重要养育者在他还不会说话的时候就告诉他们更多。

在"指向"发生的阶段，时间充裕且对此有意识的重要养育者会给孩子更多的回应，通过各种信息和体验满足孩子的好奇心。

比如，孩子指向一个红色的苹果，重要养育者一边拿起这个苹果告诉孩子"这是苹果，是一种可以吃的水果，这个苹果是红色的"，一边引导孩子触摸并用嗅觉闻苹果的香气、舔一舔切开的苹果以感受苹果的味道。更进一步的，过几天，当孩子指向一个红色的积木球，重要养育者会告诉孩子"这是木头做的球，虽然和苹果很像，但是不能吃"，然后调动孩子的感官感受这个红色的木头球。在整个过程中，孩子不仅掌握了更多的语言（研究发现，孩子的指向和积极互动越多，学习语言的速度就越快），还掌握了更多的概念。

更重要的是，认识性好奇所需的"对比、联想、深入、聚焦等技能元素"也在这个过程中得到了锻炼，这种锻炼很大程度上会让孩子形成情绪记忆和身体记忆。换句话说，孩子不是在意识层面或者理性上认为"好奇心是好的，我要发展好奇心"，而是无意识地"觉得好奇很好玩，我想要用更多行动来满足更多的好奇"——这是更强烈、更稳定，也更持久的动力。

在孩子学会说话后，除了指向，孩子又增加了"提问"这个满足好奇心的尝试。

心理学家曾对孩子和重要养育者的互动进行录像研究，每次互动两小时。研究发现，孩子平均每小时要提出 100 多个问题，其中一些问题是为了获得关注或者具体的请求（比如想要喝水吃东西、获得一些帮助），但超过三分之二的问题是为了获取更多的信息，比如"这是什么？""为什么这是苦的？"。当然，在家里，这样的提问会少一些，在 25 次左右。哈佛大学教育学教授保罗·L.哈里斯（Paul L. Harris）通过数据推算估计得出，一个孩子在 2~5 岁阶段一共会问

40000 个寻求信息和解释的问题。

在和孩子家长咨询的过程中，他们会经常向我提及孩子问的各种各样的问题。有的对此很欣喜，有的对此却很烦躁，因为这干扰了他们关心的其他事（比如，紧张的夫妻关系、婆媳关系，焦头烂额的工作，悲观的收入预期，家人或自己的疾病），也因为一些问题有时候会触发他们的无能感和无知感，对需要权威感、控制感和自恋感的家长来说，这些感受是一种威胁。

有研究发现，经济状况相对较好的家庭里的孩子会提出更多的问题，也能得到更多、更好的回应，这种阶层带来的差异从孩子 2 岁时就开始凸显。满足孩子的好奇心对家庭来说是一种额外的"支出"，不仅是钱，还涉及心理状态、知识储备、时间精力等，客观上，这对于相对贫困的家庭来说就会更加困难。

除了基因、财富和社会地位等，好奇心其实也是一种代际传递的资本。它更隐形，也更具有挑战性，因为孩子的好奇心需要爱作保障，也需要重要养育者的意识和能力作保障。

是什么偷走了认识性好奇？

聊完了孩子的好奇心，我们再来看看成年人的好奇心。

成年人并不缺好奇心，但很多成年人有的只是消遣性好奇，比如八卦、娱乐。对大部分成年人来说，认识性好奇是极其稀缺的。

为什么呢？不仅因为认识性好奇所需的内驱力和生理基础很大程度上在童年时就已经被塑造或抑制了，更因为成年后的社会环境和心理环境还在进一步压制这种更深刻、更有活力，也更有想象力的好奇心。

尤其是社会环境。为了自身的利益，很多商业一直在巧取豪夺我们的注意力，它们精准剖析我们的欲望和弱点，精心设计算法，制造信息茧房，让我们沉迷于即时的快感、依赖消费来满足情绪需求和关于自我的一切。

关于自我，有两种主要的驱动力：一种是我想知道我是谁，另一种是我想我自我感觉更好。在消费主义的影响下，这两种驱动力都在被利用和扭曲。

人类天生渴望理解自己的本质，包括我们的价值观、潜力、局限、生命的意义等，也本能地想要减少痛苦，增加幸福感，获得自己和他人的认同。但是在消费主义的干扰下，对"我是谁"和"自我感觉更好"的探索被简化成购买即完成身份定义、购买即情绪价值。品牌通过广告告诉我们：这样穿＝这种人，拥有它＝成功，使用它＝品位，买这个＝不再焦虑，买得更多＝感觉更好，等等。很多人开始用消费来"定义和喂养"自己，也用消费来"认识和区分"别人，对自我和他人都丧失了更深度、更长久、更有行动力的好奇心。

在日益增长的焦虑情绪下，叠加社会比较加剧的不安，很多人对"即时答案"和"确定性"的渴求变得空前强烈。比如，用社交媒体上的星座和心理测试来了解自己；再比如，渴望各种维度上的"速成"——金钱、身材、心理能力，等等。

很多人的注意力和好奇心正在成为商业利益的供养，这种供养过程不仅让人错失发展认识性好奇并取得更多幸福和成就的机会，也一次又一次地让大脑沉溺于表层的刺激和满足，悄无声息地改变着我们的大脑神经回路——这样的影响甚至比非安全型依恋造成的影响更糟糕，因为这正在带来"走向幸福"的幻觉，让人和大脑都更难戒断。

除了商业和利益诉求一直在放纵消遣性好奇、忽视认识性好奇，很多组织（包括家庭和亲密关系）也在打压认识性好奇。

尤其当组织本身容错率比较低的情况下（比如资源短缺、无关紧要的小错也会导致前途尽毁），认识性好奇往往意味着更多的风险。因为探索会占据各种资源，还不一定能带来确定的成果，有时甚至会造成损失。

从这个角度也能理解，为什么在一些组织和关系中，总是有更多的指责和更少的夸奖（尤其是对过程和尝试的夸奖），因为夸奖会鼓励好奇心和更多的自我意识，而指责却可以抑制好奇心和自我意识的萌芽，指责更利于控制。

换句话说，对以控制和秩序为目的的环境来说，认识性好奇不是想象力和惊喜，而是失控的、危险的。

认识性好奇让人假定所有的规则和现状都是暂时的，让人不愿意循规蹈矩，让人即使循规蹈矩也是机警的、随时准备变革的暂时选择。也就是说，消遣性好奇是可预测、可操控且有利可图的，而认识性好奇却是离经叛道的，也是一种强大的、具有爆发力的情感力量。

就像爱作为一种情感和态度能激励人一样，爱让人变得勇敢，让人选择相信，让人在暂时失望的同时仍然可以不离不弃地关心和付出，认识性好奇是一种"知识情感"和"存在态度"，推动我们即使没有明确的目标或者其他迫切的需求，依然保持着对知识、未知和探索的热情，这是一种对存在本身的态度。

怎么发展认识性好奇？

和诱惑聊聊

说到这儿，我们要开始聊聊怎么发展认识性好奇了。

正在看书的你很可能已经具有比较稳定的认识性好奇，也有发展认识性好奇的基础和能力，所以接下来的内容更大程度上是协助你"保持并进一步提高"认识性好奇。

第六讲提到过两个很朴素的建议：

- 放下手机，珍惜自己的时间和注意力，减少多巴胺挟持，给大脑一个健康的发展环境。
- 好好吃饭、经常锻炼、不要熬夜，照顾好自己的身体。

在发展认识性好奇上，这两点也很关键，只是在认识性好奇这个议题上，更核心的建议是，尽可能远离消遣性好奇的诱惑。就如我们在之前提到的，环境中充满了这样的诱惑，甚至让我们对此上瘾。

上瘾源于内心的空虚和无聊，消遣性好奇和其他形式的上瘾（比如酒精等）永远无法真正填补这种空虚和无聊，只会一次又一次扩大内心的空洞，让我们产生越来越强的依赖。

不少人会在熬夜时难以抗拒消遣性好奇的诱惑。我有过好几位来访者都表达过相似的困扰和自责，他们总是忍不住在睡前看那些"3 分钟看电影"的解说，一不留神，一两个小时就过去了，一开始还挺快乐，后来越来越烦躁，对休息和睡眠的损害也越来越明显。

他们尝试过用自我控制来努力，但失败了，陷入了更强烈的自责。

我陪着他们一点点地探索：这些诱惑、这些消遣性好奇为我提供了什么？可能在满足我哪些需求？为什么我更偏好现在选择的这些诱惑，喜欢这些诱惑的哪一点？尤其是在熬夜的情境下，诱惑给了我什么，让我如此渴望并喜欢？

我们一起找到的答案有：

- 熬夜是一天中唯一的"自己的""自由的"时间。
- 想在熬夜中做点让自己觉得自己还活着，感受到自己的七情六欲和喜怒哀乐的事情。
- 以前的自己就很爱看电视剧或者电影，但现在时间太紧张了，或者自己觉得不该花这么多时间这样娱乐，于是只能吃"快餐"。
- "快餐"让人意犹未尽还反应不过来，所以一次又一次地想要找回原来那种看完一整个故事时深深的思索或触动。

......

有时候，沉溺于消遣性好奇是为了消解痛苦而做的一种尝试。当整个环境中只有为数不多的"选择"时、当我们以为自己只有这样的"选择"时（比如，因为时间紧缺，无法旅游、无法社交，快餐式的消遣性好奇就成了看起来唯一的选择），我们便会投入其中，以为这样就能解决我们的情绪和压力，让我们找回和自己、和这个的世界的连接感，找回对自己生活的控制感。

我们要试着不再把陷入消遣性好奇这样的诱惑看作自控力不足或者其他意味着"自己不够好"的解读，而是问问自己"我的痛苦是什么"和"我想要什么"。然后，我们再一起根据每一个答案探索新的应对方式：

● 再因为熬夜感到自责的时候，告诉自己，我只是在追寻一种自主和自由。

● 回家后，有意识地安排15分钟（或更短、更长）的"我的时间"。

● 有意识地观察记录自己每天的情感时刻，尤其是那些开心、感动、感恩等的时刻。

● 心理咨询中的"作业"设置：安排一次关于看电影的"作业"。先看这部电影的3分钟解读（或者回忆一部自己印象深刻的3分钟解读电影），记录感受和想法；再看完整的电影，再次记录感受和想法；对比满足感、快乐值、意义感、自责感等所有自己在意的方面。

......

整个过程也是第十讲提到的关于"爱的自我对话"的一种实践。

权力、金钱和知识

关于诱惑和上瘾，心理学对猴子的研究发现，处于权力低位的雄性猴子更容易精神紧张，在猴际关系上也相对更孤立，于是它们会更有可能陷入诱惑和上瘾。另外，对老鼠的研究也发现，被关在拥挤笼子里的老鼠会比相对自由的老鼠过量饮用吗啡水。这些现象的背后可能是因为压力感、失控感、无力感和各种负面情绪的影响，也就是我们上面说的，也许动物们只是想减少自己的痛苦。

对人类来说，基本的、适度的权力也因此很关键。一个人有权力（至少不处于明显的权力低位），不仅有更好的心理状态和生理状态发展认识性好奇，还拥有一定的自由和资源做更长久的计划和行动。

权力源于对稀缺且有价值资源的掌控。其中，"价值"来自两方面：一方面是对方需要且想要这些资源；另一方面是这些资源很难从其他途径获得，对方便会更依赖你。

广泛的人际关系和金钱之所以更有可能带来权力，也是因为人际关系可能会提供丰富的资源和替代选择（"我有丰富的人际关系储备来为你找到你想要的资源"或者"你不给我，我还能找别人"），金钱的价值就更显著了，金钱是一种普遍性资源。

普遍性资源能在非常广泛的情境下与任何人交换你想要的东西。不管是谁控制了金钱，他们都会有很大的自由来决定用金钱做什么。相比之下，特殊性资源具有情境性的限制，比如爱可能让你拥有对伴侣的权力，但对其他人就不一定了。专业知识、外貌、人品性格等也都是特殊性资源，只能在特定的场景中为特定的对象带来权力。

但关于金钱，很多人会把它视为羞耻的、肮脏的、可怕的。心理学家弗洛伊德（Sigmund Freud）曾提到，现代人对金钱的态度和对性的态度是一样的，一样前后矛盾，一样大惊小怪，一样虚情假意。近年来的一些调查发现，金钱甚至比性、宗教和政治话题更为敏感。

有时候，"缺爱"会阻碍一个人发展对金钱的认识和掌控力。这一点也能从依恋理论的视角来理解。为了生存，婴儿想要关注和控制感，但对婴儿来说，他们不懂钱，也没有钱，只有重要养育者的爱才能带来关注和他想要的控制感，于是婴儿想要爱，不想要钱。当一个孩子一直陷在"缺爱"的困境中，成年后可能会呈现两种极端：一种是只要爱，一种是只要能带来权力和控制感的金钱。

除了生命早期的经历，当一个人成长在金钱紧张的环境中，经常经历因为金钱爆发争吵和冲突，也可能会在本能上觉得金钱是压力、焦虑和羞耻的存在。不加以应对的时候，会本能地采用各种方式逃避金钱和金钱所引发的压力与负面情绪，或者不顾一切追求金钱来抵抗压力和负面情绪。

另外，跨越阶层的过程也很容易影响一个人对自我和金钱的态度。尤其是自尊比较不稳定的人，在努力跨越阶层的过程中，那些挫折和被欺骗的经历，还有与更高阶层相处时"格格不入"的感觉，都很容易引发恐惧、怨恨和"自己不够好"等负面情绪。这些压力和情绪还会传递给家人，尤其是孩子，孩子也因此形成了对自我和金钱的消极态度。即使最终跨越成功了，情绪也不一定能消解，而是破坏性地压抑或宣泄。

也就是说，在金钱这个议题上，如果我们不去深入探索金钱背后的复杂情感和渊源，就很难掌握管理金钱和自我的能力，会很容易以破坏性的方式表达或安抚自己的情感。

当然，和之前提到的很多议题一样，这并不只是个体的原因和责任。金钱的确可以带来权力，权力可能会带来更稳定的自尊，但是，对贫穷的过度恐惧既可能是个体经历和对经历的理解造成的，也可能意味着社会环境出了问题。

当整个环境缺少对人、对生命的基本尊重，以"金钱"来衡量人的价值并给予相应的对待时，那么对失去"尊重"的恐惧便会转化为对缺少"金钱"的恐惧。病态的环境会造成病态的金钱态度，让人很难掌握并用好金钱这个普遍性资源来发展认识性好奇。

或许你可以把"金钱"这个议题作为一项发展认识性好奇的实践：探索自己和重要他人对金钱的态度是怎样的？这些态度背后的渊源是什么？积累金钱的模式有哪些？那些模式分别需要什么样的基础、又具有什么样的限制？更进一步的，还可以自己亲身实践其中一两种积累金钱的方法。

在实践的过程中，可能会涉及各种知识的学习获取。知识具有群聚效应。一个人已有的知识越多，新的知识在学习记忆的过程中就越容易找到其他可以联系或联想的知识，这既能加深记忆，也能产生创新和应用的能力。

知识对认识性好奇的发展很关键，因为知识既是认识性好奇的油箱，也是认识性好奇的指南针，让人有思考模型来决定认识性好奇前行的方向，观察自己在整个地图上的位置。换句话说，一个人知道得越多，就可能越会思考和实践，然后知道得更多，认识性好奇的实践能力更强。

心智自由：做自己

对已经具有认识性好奇的你来说，当你尽可能避免诱惑的干扰，也尽可能拥有更多的权力、金钱和知识后，你的认识性好奇也将进一步如虎添翼。

下面这些内容主要是写给认识性好奇还比较微弱的人的，也许你身边就有这样的朋友或家人，我们来一起试试能不能像成年后再次养育自己一般再次种下并浇灌认识性好奇的种子。

怎么做呢？

或许可以从"规则"入手。我们能在环境中正常生活，对"规则"的意识和"遵守规则"的能力已然存在，还不断在被训练，所以几乎人人都有这块基础。

上一讲，我们聊过要试着找到规则背后的价值，然后用价值行动追寻生活的意义和自由，这一讲，我们来试着认识并应用心理学家基思·斯坦诺维奇（Keith E. Stanovich）提出的"三重心智模型"，来争取更多维度的自由和可能性。

这一模型将我们的心智活动分为三个系统：自主心智、算法心智和反省心智，可以用来解释人类思维和决策的不同层次。

● 自主心智：我们的直觉与本能，也包括过往经验的积累和内化学习后的结果。特点是快速、自动化、不需要额外的思考，主要负责我们的日常习惯、本能反应和情绪化决策。

比如，看到蛇立刻后退（恐惧反应），听到别人叫自己名字时下意识回头，一旦学会游泳、学会骑自行车，就终生难忘，变成本能一般的技能。

● 算法心智：我们的理性思考和计算，或者说至少是意识层面的思考和计算（也就是自己认为是理性的）。特点是相对较慢、逻辑化、需要认知努力。

运用算法心智时，我们会对信息进行思考和加工，调用我们的记忆系统去收集、储存和加工现有的信息。比如，按照说明书组装家具，在辩论时分析对手的逻辑漏洞，等等。算法心智也是传统意义上智商测试在考查的能力，包括记忆、处理速度、逻辑推理等。

● 反省心智：关注自己的目标，基于与目标相关的信念和各种信息做出最优化行动。

反省心智能够在保持一定距离的情况下观察并思考自己的自主心智和算法心智，从而理解并管理自己的认知和行为。也就是说，反省心智可以监控并调节我们的自主心智和算法心智，决定我们要不要相信自主心智、什么时候以什么样的目标调用算法心智。

比如，自主心智让你对冲突感到恐惧，算法心智让你以为冲突会造成伤害和损失，而反省心智会让你觉察自己的情绪和认知，然后基于目标再次做出反应。

再比如，家长反对我们的恋爱时，自主心智也许是烦躁和抵触，在反省心智不加入的情况下，算法心智很可能会向着如何说服家长或如何隐瞒家长并维持恋爱上前进。但反省心智会促使我们思考，我们真正的目标是人生的幸福，那么以幸福为目标时，我们可能需要思考：反对的具体原因是什么？所担忧的是不是这段恋爱中的隐患（比如担忧对方的工作情况和收入水平、对方的脾气）？然后再思考收集哪些信息、做出哪些行动：是细心观察分析这段恋爱究竟如何，重新思考自己能否通过这段恋爱获得幸福？还是如何争取支持？抑或是如何隔绝影响？

和大部分环境、组织与关系并不欢迎认识性好奇一样，反省心智同样不受欢迎，因为反省心智让人独立自主且不可预测。

尤其是权力高位者，他们更希望由自己来制定规则和目标，而权力低位者只需要调用算法心智去遵守规则和实现目标就行了——不要问为什么，更不要改变什么。为了让整个过程更稳妥，权力高位者还会通过各种设计来制造恐惧和欲念，比如传播"婚恋带来幸福""单身就是失败""制造冲突就是不懂事"等的故事和观念，来不断驯化自主心智和算法心智，直到权力低位者本能地遵守他们的规则并实现他们的目标。

当然，规则和目标是有价值的，它们可以为我们提供思考和行动的框架，避免茫然和明显错误的选择（比如犯罪），但盲目地遵守规则和目标会限制我们的深度思考和更大的自由空间。

在自由这件事上，行为上的自由是重要的，但心智上的自由更为关键。我们只有充分觉察心智的内容和过程，才有可能行使心智上的自由。心智自由从某个角度来说意味着意识，一种高度又全面的意识，如果没有意识，我们就不是真正在思考和选择。

从这个角度，也能发现我们之前为什么一直在强调"认识并管理情绪"很重要，还要觉察自己经历了什么、我们对经历的哪些理解塑造了现在的我们——这些都是对我们自主心智和算法心智的探索与再塑造，让我们意识到自己的思考模式和行为模式以及背后的动力。

上一讲提到的"价值行动"也是对反省心智的唤起，也就是思考我们自己的目标、信念和意义，然后为自己的目标、信念和意义重新调动自主心智和算法心智。这整个探索和行动的过程也是认识性好奇实践的过程，并且这个实践过程对自我和人生都具有现实意义。

始终好奇，不惧失望

现在到了这本书的终点。

关于"不爱了"的探讨，重要的一直不是被定义的"爱情""亲情"或"友情",重要的始终是爱本身——那种真实、流动、超越标签的力量。

在《分手心理学》那本书中,我提出了"始终成长,不惧伤害"的倡导,在《我们为什么不爱了》这本书的终点,我想邀请你再带上另一种态度前行:"始终好奇,不惧失望"。

你会打开这本书并读到这里,也许只是单纯被这个议题吸引,怀有充沛的认识性好奇,这很棒。因为理解"不爱了",对"不爱了"好奇,或许会让我们拥有更真实、更深刻,也更长久的爱。

又也许,你拿起这本书,是因为过往的你体验到的更多是"伤害和失望",勇气和期待让现在的你一直努力走在"成长和好奇"的路上,你可能很渴望收获关于爱的体验或关系,但是,这需要时间和行动的积累,还需要一些运气和机遇。

在这之前,务必保持好奇,像探索世界一样探索自己,时不时问问自己:从各种视角和角度来看,我经历了什么?我如何成了现在的我自己?——看到自己的经历,也看到自己对经历的解读。如果还能做得更多,也可以这样探索重要的他人。我们对自我和他人的好奇,是爱的种子,也是爱的行动。

附录

主题书单

在"看理想"App的音频节目《不爱了》中,我推荐过一些阅读书单,在这里一并放上并有所增加,希望能给对自我、关系、爱、人性、我们所在的这个世界感兴趣的你一些新的视角和启发。

也希望这些书单能给予想走进咨询室却因为各种原因还不便咨询的人们一些自助成长的方向和方法,不断靠近并发现真实又完整的自我。

原生家庭

凯瑟琳·吉尔迪纳,《早安,怪物》,木草草译,花山文艺出版社,2024。

丹尼尔·A.休斯,《依恋的修复:唤醒创伤儿童的爱》,金花译,机械工业出版社,2019。

布鲁斯·D.佩里、迈亚·塞拉维茨,《登天之梯:一个儿童精神科医师的诊疗笔记》(原书第3版),曾早垒译,重庆大学出版社,2021。

琳赛·吉布森,《不成熟的父母》,魏宁、况辉译,机械工业出版社,2017。

性别偏见

妖鹤，《她对此感到厌烦》，北京联合出版公司，2023。

权力关系

阿曼达·蒙特尔，《语言恶女：女性如何夺回语言》，李辛译，北京
联合出版公司，2024。

布鲁斯·布尔诺·德·梅斯奎塔、阿拉斯泰尔·史密斯，《独裁者手
册》，骆伟阳译，江苏文艺出版社，2014。

安吉拉·萨伊尼，《逊色：科学对女性做错了什么》，李贯峰译，重
庆大学出版社，2021。

克里斯托弗·胡德，《指责的博弈：政府活动中的游辞巧饰、官僚主
义和自我保护》，杨帆译，格致出版社，2024。

安德烈亚斯·威默，《族群边界制定：制度、权力与网络》，徐步华
译，格致出版社，2023。

精神虐待

玛丽-弗朗斯·伊里戈扬，《冷暴力》，顾淑馨译，江西人民出版社，
2017。

凯瑟琳·M. 皮特曼，《重塑杏仁核：情绪修复脑科学》，王羽青、黄
金德译，中国科学技术出版社，2024。

人性矛盾

埃丝特·佩瑞尔，《危险关系：爱、背叛与修复之路》，兆新译，上
海社会科学院出版社，2020。

"中年危机"

詹姆斯·霍利斯，《中年之路：人格的第二次成型》，郑世彦译，浙
江大学出版社，2022。

调整信念

约瑟夫·布尔戈，《超越羞耻感：培养心理弹性，重塑自信》，姜帆
译，机械工业出版社，2021。

获得自在

娜塔莎·道·舒尔，《运气的诱饵：拉斯维加斯的赌博设计与失控的

机器人生》，李奇译，民主与建设出版社，2021。

重建自我

曹雪敏，《分手心理学：走出伤痛，拥抱幸福》，人民邮电出版社，
2020。

再次出发

罗兰·米勒，《亲密关系》（第 8 版），王伟平译，人民邮电出版社，
2024。

拥抱新生

路斯·哈里斯，《幸福的陷阱》（原书第 2 版），祝卓宏译，机械工业
出版社，2023。

路斯·哈里斯，《自信的陷阱：如何通过有效行动建立持久自信》，
王怡蕊、陆杨译，机械工业出版社，2024。

好奇心

伊恩·莱斯利，《好奇心：保持对未知世界永不停息的热情》，马婕
译，中国人民大学出版社，2017。